••• Títulos relacionados

ASISTENCIA A LA DIRECCIÓN ADGG0108

[OTROS TÍTULOS DISPONIBLES]

Solicítalos en
- Librería
- www.paraninfo.es
- Solicitudes nacionales +34 914 463 350
- Solicitudes fuera de España +34 913 308 907
                                                    +34 913 308 919

Organización de viajes nacionales e internacionales

Cristina Cabero Soto

Diseño y maquetación: Ediciones Nobel, S. A.

ISBN: 978-84-283-7013-4
Depósito legal: M-9882-2025
Impresión: Liberdigital (Casarrubuelos, Madrid)

Impreso en España

Biografía

Cristina Cabero Soto, experta y especialista en Protocolo y Ceremonial del Estado e Internacional por la Escuela Diplomática del Ministerio de Asuntos Exteriore s y la Universidad de Oviedo, con estudios en Grado de Lengua y Literatura Españolas por la UNED, y Grado Medio de Piano por el Conservatorio de Música Eduardo Martínez Torner de Oviedo.

Acumula más de tres décadas de experiencia profesional en el sector de los eventos y la etiqueta planificando, diseñando, organizando y supervisando eventos de carácter nacional e internacional.

Formadora, conferenciante, consultora y asesora en comunicación, etiqueta y protocolo en los negocios, en la vida privada, y para niñas y niños.

Impartidora de talleres de diferentes temáticas en los que enseña a los participantes a convertirse en los perfectos anfitriones en el ámbito personal y profesional.

Autora de seis libros publicados con la Editorial Paraninfo: *Protocolo en hostelería y restauración, Gestión de protocolo, Organización de reuniones y eventos, Normas de protocolo en restauración, Gestión del tiempo, recursos e instalaciones, Organización de viajes nacionales e internacionales.*

Autora del libro *Pequeños anfitriones* (Universo de Letras, 2023), pionero a nivel internacional en el tratamiento de la etiqueta y el protocolo para niñas y niños.

En 2020 funda Christie De Soto, proyecto emprendedor en el que ha aunado todas sus facetas como autora, *copywriter*, formadora, consultora y conferenciante, ayudando a otras personas a ser más felices en su día a día y, así, contribuir a crear un mundo mejor.

www.christiedesoto.com

Índice

Introducción normativa

La Ley Orgánica 3/2022, de 31 de marzo, de ordenación e integración de la Formación Profesional, contiene una disposición derogatoria única que afecta a la regulación de los certificados de profesionalidad, ahora denominados **Certificados Profesionales.** La referida normativa deroga la Ley Orgánica 5/2002, de 19 de junio, de las Cualificaciones y de la Formación Profesional, y abre un escenario de cambios que se irán implementando progresivamente.

La Ley Orgánica 3/2022, de 31 de marzo, de ordenación e integración de la Formación Profesional implica que toda la formación es acumulable. La oferta formativa se estructura de forma escalonada, siendo los Certificados Profesionales un nivel intermedio (Grado C) de una escala que va desde el Grado A hasta el E.

En los artículos 35 a 38 de la Ley 3/2022 se describe en qué consisten estos Certificados Profesionales: su oferta, formación asociada, estructura, duración, acceso, titulación y validez. Posteriormente, esta normativa se completa con lo dispuesto en el Real Decreto 659/2023, de 18 de julio, que desarrolla la ordenación del sistema de Formación Profesional. Concretamente en los artículos 67 a 81 es donde se hace referencia a la oferta formativa de Grado C, correspondiente a los Certificados Profesionales.

Están agrupados en 26 familias profesionales con características comunes del sector. En la actualidad hay más de medio millar de Certificados Profesionales incluidos en el Repertorio Nacional. Esta cifra no deja de crecer. Además, cada certificado está específicamente regulado por un real decreto.

Un Certificado Profesional corresponde al Grado C de la oferta del Sistema de Formación Profesional. Es un documento oficial, con validez en todo el territorio nacional y debe constar en el Catálogo Nacional de Ofertas de Formación Profesional, que certifica la capacitación para el desarrollo de una actividad profesional.

Debe detallar los módulos profesionales superados y los estándares de competencia profesional asociados a él e incluidos en el **Catálogo Nacional de Estándares de Competencias Profesionales**, así como su correspondencia con el Marco Español de Cualificaciones.

Despliegan su validez en un doble ámbito, laboral y académico:

- En el contexto laboral tienen validez profesional, porque acreditan las competencias en una determinada profesión. Para poder trabajar en algunas profesiones, se exigen determinadas cualificaciones, y los certificados sirven para acreditarlas.

- Asimismo, tienen validez académica, puesto que permiten continuar un itinerario formativo siempre que se cumplan los requisitos de acceso para cursar la titulación deseada. De tal modo que, los Certificados Profesionales que sean parte de un Grado D permitirán la matrícula modular para completar los módulos establecidos en el currículo y obtener el correspondiente título de técnico básico, técnico o técnico superior con validez en todo el territorio nacional.

Para obtener un Certificado Profesional (Grado C) es preciso cumplir con los requisitos de acceso para realizar la formación.

Estructura de los Certificados Profesionales

I. Identificación: denominación, familia y área profesional a la que pertenecen; nivel de cualificación profesional (1, 2 o 3); cualificación profesional de referencia; entorno profesional y módulos formativos que esté previsto cursar junto con la duración de cada uno de ellos.

II. Perfil profesional: incluye las competencias profesionales requeridas en el mercado laboral. En todas ellas se concretan las realizaciones profesionales y los criterios de realización.

III. Formación: describe los módulos formativos que esté previsto cursar para adquirir las competencias requeridas. En cada uno de ellos se indican las capacidades que se pretende alcanzar y la duración del módulo de prácticas no laborales —PNL—, para el que cabe solicitar exención si se cumplen determinados requisitos.

IV. Prescripciones de las personas formadoras.

V. Requisitos mínimos de espacios, instalaciones y equipamiento.

Los Certificados Profesionales se identifican con una denominación concreta y un código alfanumérico propio, y sirven para acreditar una determinada cualificación profesional. Cada certificado está asociado a una relación de unidades de competencia que, a su vez, se vinculan con una serie de módulos formativos específicos. Algunos módulos están integrados por unidades formativas y tanto unos como otras son, en ocasiones, transversales, lo que significa que se trata de contenidos incluidos en más de un Certificado Profesional.

Los Certificados Profesionales se articulan en tres niveles de competencia profesional (1, 2 y 3) conforme a lo dispuesto en el que será el Catálogo Nacional de Estándares de Competencias Profesionales, anteriormente Catálogo Nacional de Cualificaciones Profesionales (CNCP), según los criterios establecidos de conocimientos, iniciativa, autonomía y complejidad de las tareas, en cada una de las ofertas de Formación Profesional.

La oferta formativa dirigida a la obtención de los Certificados Profesionales tiene carácter modular para favorecer la acreditación parcial acumulable de la formación recibida y posibilitar así el avance en el itinerario de Formación Profesional para cualquiera que sea la situación laboral de cada persona en cada momento.

En definitiva, el Grado C constituye la oferta, parcial y acumulable, del sistema de Formación Profesional, de varios módulos profesionales del catálogo modular de Formación Profesional por razón de su significado en el mercado laboral y conducente a la obtención de un Certificado Profesional.

Las ofertas de Grado C de Formación Profesional tendrán por objeto módulos profesionales incluidos previamente en el catálogo modular de formación profesional y asociados al Catálogo Nacional de Estándares de Competencias Profesionales.

Finalidad de los Certificados Profesionales

- Contribuir a la ordenación de un Sistema de Formación Profesional al servicio de un régimen de formación y acompañamiento profesionales que sea capaz de responder con flexibilidad a los intereses, expectativas y aspiraciones de cualificación profesional de las personas a lo largo de su vida.

- Combinar escuela y empresa situando a la persona en el centro del sistema.

- Facilitar el aprendizaje permanente de toda la ciudadanía mediante una formación abierta, flexible y accesible, estructurada de forma modular, a través de la oferta formativa asociada al certificado.

- Acreditar las cualificaciones profesionales o las unidades de competencia recogidas en estas, independientemente de su vía de adquisición, bien sea través de la vía formativa, o mediante la experiencia laboral o vías no formales de formación.

- Favorecer, tanto a nivel nacional como europeo, la transparencia del mercado de trabajo.

- Contribuir a la calidad de la oferta de Formación Profesional.

Este libro

El presente libro desarrolla la Unidad Formativa denominado *Organización de viajes nacionales e internacionales,* UF0326.

Dicha unidad formativa está asociada a la Unidad de Competencia UC0983_3, que forma parte del Módulo Formativo MF0983_3 *Gestión de reuniones, viajes y eventos,* perteneciente a la Cualificación Profesional de referencia ADG309_3 *Asistencia a la dirección* incluida en el Certificado Profesional denominado ADGG0108 *Asistencia a la dirección* de la familia profesional de Administración y Gestión.

Según el Real Decreto 1210/2009, de 17 de julio, modificado por el Real Decreto 645/2011, de 9 de mayo, los contenidos que en esta obra se recogen se corresponden con una formación de 30 horas de duración.

Tanto la estructura como el desarrollo del libro se ajustan al citado real decreto y más concretamente a los contenidos de la unidad formativa que le da título *Organización de viajes nacionales e internacionales,* UF0326.

Contenidos

1. **Servicios y productos de las agencias de viajes**
   - Condiciones de la contratación de un servicio:
     — Paquete turístico y viaje combinado.
     — Las reservas y su gestión. Tipos de reservas.
     — Las tarifas. Concepto y tipos.
     — Modificaciones y anulaciones.
   - Seguros de viaje, médicos y de automóviles.
   - Medios y rutas de transporte, nacionales e internacionales.
   - Medios de realización: Internet, teléfono y otros.
   - Derechos del viajero:
     — Equipajes.
     — Retrasos.
     — *Overbooking.*
     — Cambios de horario.
     — La protección de consumidores y usuarios. Derechos y obligaciones del cliente y de la agencia.
   - Legislación sobre viajeros en tránsito y aduanas:
     — Documentación.

- — Normativa comunitaria, estatal, autonómica e internacional.
- — Características y funciones de organismos oficiales:
- — Embajadas.
- — Consulados.
- — Oficinas de turismo.
- — Acuerdos bilaterales entre países.

2. **Organización del viaje**
   - Objetivos del viaje.
   - Presupuesto.
   - Lista de comprobación y confirmación.
   - Documentación necesaria anterior al viaje:
     - — Visados.
     - — Pasaportes —ordinarios y especiales—.
     - — DNI.
     - — Permiso de conducir.
   - Gestión de las necesidades del país o países que se visiten:
     - — Vacunación.
     - — Permisos especiales.
     - — Control de aduanas.
     - — Equipajes.
     - — Cambio de huso horario.
     - — Divisas.
   - Itinerarios.
   - Medios de transporte.
   - Métodos para el alquiler de vehículos. Normativa al respecto.
   - Visitas turísticas.
   - Información cultural y genérica.

3. **Planificación del viaje**
   - Medios de locomoción.
   - Horarios.
   - Reservas de transporte:
     - — Billetes.
     - — Justificantes.

- Alojamientos y tipos de pensión:
  - Menús –genéricos y dietas especiales por motivos de salud o creencias religiosas–.
  - Medios de cobro y pago:
  - Monedas y billetes –normativa vigente para la entrada y salida del país, cantidades–.
  - Tarjetas bancarias –de crédito y de débito–.
  - Cheques de viaje.
  - Eurocheques.
  - Internet.
  - Medios internacionales de pago básicos.
  - Cálculo del cambio.
- Intérpretes.
- Servicios especiales –sala de reuniones, fax, secretario, despachos, salas audiovisuales–.
- Documentación y preparación de las jornadas de trabajo.
- La oficina móvil.
- La agenda de reuniones.

4. **Documentación posterior al viaje**
   - Informe económico.
   - Justificantes.
   - Notas de entrega.
   - Albaranes.
   - Facturas proforma.
   - Facturas definitivas.
   - Seguimiento de acuerdos.
   - Evaluación y análisis de resultados.
   - Archivo.
   - Estudios de optimización, realización y temporalización de viajes nacionales e internacionales.

5. **Protocolo nacional e internacional y usos sociales**
   - Invitaciones en España y en el extranjero.
   - Forma y contestación de las invitaciones.

- Obligaciones con los visitantes.
- Protocolo y comunicación en países de religión musulmana.
- Protocolo y comunicación con países de Hispanoamérica.
- Protocolo y comunicación en diversos países.
- Diplomacia en la Unión Europea.
- Decálogo del protocolo empresarial internacional.

Nota del editor

En Ediciones Paraninfo estamos comprometidos con la calidad de la formación e intentamos que nuestros materiales, respondan fielmente y con rigor a las necesidades de todos cuantos confían en nuestro sello editorial.

Tratamos de dar respuesta a los currículos de las unidades formativas y de los módulos que integran los distintos Certificados Profesionales, equilibrando la parte teórica con la práctica para que los procesos de aprendizaje se conviertan en experiencias gratificantes tanto para docentes como para las personas inmersas en los procesos formativos.

Contribuir de forma decisiva a afianzar aprendizajes, ayudar a adquirir destrezas que tengan significado para el empleo y conseguir potenciar el desarrollo personal es nuestra mayor satisfacción como editores.

Para lograrlo contamos con excelentes autores, expertos en las materias que abordan, en la mayoría de los casos docentes de dichas especialidades con dilatada experiencia profesional y académica, porque buscamos perfiles familiarizados con los contextos laborales concretos a los que se refieren nuestros manuales.

Confiamos en poder serte de ayuda y esperamos tus impresiones acerca de nuestro trabajo. Sean positivas o negativas, serán muy bien recibidas y, sin duda, nos ayudarán a seguir mejorando y trabajando con ilusión para continuar siendo un referente en formación para el empleo.

Agradecemos tu confianza en nuestros manuales. Todo nuestro equipo queda a tu total disposición. Puedes contactar con nosotros en esta dirección de correo electrónico: info@paraninfo.es.

Introducción a la obra

La organización de viajes es una de las principales responsabilidades y tareas del asistente de dirección quien, siguiendo los criterios de economía y eficiencia, debe procurar que los viajes se realicen en el menor periodo de tiempo y lo más ajustados posible a las normas establecidas en cuanto al gasto.

Con este fin, en este libro se proporciona información sobre diferentes elementos que competen a su labor profesional como, por ejemplo: las diferentes fases de preparación de los viajes, los requisitos organizativos y la normativa que protege a los viajeros –derechos, indemnizaciones, etcétera–. Así pues, el asistente de dirección tendrá en cuenta las normas de aplicación de la política de viajes, si la hubiera, o bien organizará los viajes teniendo en cuenta aspectos como la elección de uno u otro medio de transporte; los tiempos de desplazamiento y la proximidad del punto de llegada o del hotel –aeropuerto, estación– al lugar donde vaya a celebrarse la reunión, etcétera.

Además, junto a la organización del viaje debe ocuparse de otra tarea fundamental: la elaboración de la agenda de viajes del/de la ejecutivo/a al que asista. De hecho, los profesionales que viajan con mayor frecuencia suelen ser los directivos y/o empleados de alto nivel en la empresa o institución, y sus agendas exigen una planificación hecha con suficiente antelación, que resulte eficaz y rentable tanto en términos económicos como de inversión de tiempo.

Por otra parte, se profundiza en un importante aspecto: el relativo a la etiqueta internacional en los negocios, herramienta indispensable para triunfar y que constituye la base y el éxito de cualquier relación empresarial, por lo que el asistente de dirección debe conocer los recursos que puede utilizar para recabar la información necesaria y ser capaz de asesorar a su jefe/a antes de un viaje a países con diferentes costumbres y usos sociales.

1. Servicios y productos de las agencias de viajes

Introducción

En la organización de viajes es necesario conocer tanto el papel de las agencias de viajes, como los productos que ofrecen o la normativa que las regula. Asimismo, el asistente de dirección debe conocer los diferentes medios de transporte, así como los derechos que amparan a los viajeros cuando se desplazan a otro país o ciudad ya que serán fundamentales en caso de tener que reclamar ante algún tipo de incidencia.

Según la definición de la Organización Mundial de Turismo, las agencias de viaje son aquellas *empresas constituidas en forma de sociedad mercantil, anónima o limitada, que en posesión del título o licencia correspondiente, se dedican profesional y comercialmente en exclusividad al ejercicio de actividades de mediación y/o organización de servicios turísticos pudiendo utilizar medios propios en la prestación de los mismos.* Las actividades que están capacitadas para prestar son, entre otras: la mediación en las reservas de plazas de cualquier medio de transporte y la venta de billetes correspondientes, la reserva de habitaciones en establecimientos hoteleros y otro tipo de alojamientos turísticos, la organización y venta de viajes combinados, y/o la formalización de pólizas de seguros turísticos. Las agencias de viajes se clasifican a su vez en tres tipos: agencias minoristas, agencias mayoristas y las mayoristas-minoristas.

Contenido

1.1. Condiciones de la contratación de un servicio

Según indican las normas reguladoras de las agencias de viajes, estas están autorizadas a concertar dos tipos de contratos:

- *Contrato de servicios sueltos:* en este tipo de contrato la persona que va a viajar detalla los servicios que desea recibir y, a cambio de una comisión, la agencia de viajes facilita los elementos aislados de un viaje o de una estancia, como por ejemplo, la reserva de una pernoctación en un hotel o un billete de avión.

- *Contrato de viajes combinados:* en este caso la persona que va a viajar solicita una oferta que la agencia de viajes ha lanzado previamente y la contrata; asimismo, entraría también en este apartado la organización y reserva de una solicitud específica hecha por el cliente, como por ejemplo, un crucero.

Paquete turístico y viaje combinado

Un paquete turístico es un producto formado por dos o más servicios turísticos —alojamiento y transporte, por ejemplo—. Por su parte, aunque parezcan similares, los viajes combinados son los ofertados y/o vendidos por una agencia de viajes y engloban dos o más servicios de carácter turístico —sería el caso de alojamiento, manutención y transporte— con un precio unificado, siempre y cuando la duración del mismo sobrepase las veinticuatro horas o incluya una pernoctación. En la contratación de viajes combinados existen dos documentos fundamentales previstos en la legislación, cuya finalidad es defender los derechos de la persona turista y que deben ser elaborados por la agencia de viajes: por una parte, el folleto informativo y, por otra, el contrato.

Las reservas y su gestión. Tipos de reservas

A la hora de reservar un viaje en cualquier medio de transporte se deben conocer las condiciones de cancelación y reembolso, especialmente en aquellas reservas realizadas por Internet o en compañías *low cost,* ya que, en ambos casos, dichas condiciones son más restrictivas. Las reservas de los diferentes medios de transporte y de alojamiento pueden hacerse de diferentes maneras: en la propia agencia de viajes, por Internet y/o en las diferentes oficinas o sucursales de las compañías pertinentes.

Respecto a las **reservas de vuelos,** las compañías aéreas o las agencias de viaje autorizadas expiden un billete del vuelo nominativo e intransferible, que establece la reserva a favor de la persona titular en un determinado vuelo. Según indica Iberia, en el sector aéreo el sistema de clases es estándar y la **clase de**

reserva de cada vuelo, se corresponde con una letra. Este sistema de clases tiene una relación directa con el importe del billete y el espacio disponible en cada clase en los distintos vuelos, a la vez que permiten que las tarifas tengan diferentes condiciones de reembolsos, cancelaciones, etcétera.

Las tarifas. Concepto y tipos

A la hora de hacer una reserva, es fundamental consultar las **tarifas** y sus condiciones, teniendo en cuenta que, tal y como acabamos de ver, los términos y requisitos de los billetes *low cost* son mucho más restrictivos en caso de anulación, cancelación, etcétera.

En las **agencias de viajes,** el precio del viaje combinado será el estipulado en el contrato. Ahora bien, sería posible revisar el precio si esta posibilidad estuviese especificada en el contrato, con al menos veinte días de antelación. Dicha revisión tendría por objeto incorporar al precio final aspectos como la variación de tipos de cambio y la subida de tasas o del coste del carburante. Respecto a las **compañías aéreas,** están obligadas a **ofrecer la tarifa más barata disponible** en cada uno de sus medios de distribución —oficina, teléfono o su página web—, así como los términos y condiciones de esta y, tras el pago, deberán respetar la tarifa acordada, si bien los impuestos y las tasas pertinentes podrán ser objeto de revisión.

Modificaciones y anulaciones

Al hacer una reserva a través de una agencia de un viaje o de un medio de transporte, debemos tener en cuenta las condiciones relativas a la política de modificaciones y anulaciones de la agencia y/o compañía o empresa de transportes.

Modificaciones y anulaciones en contratos de viajes combinados

En los contratos de viajes combinados, la ley contempla la cancelación del viaje por parte de la agencia de viajes, estableciendo una serie de derechos para el viajero:

- Derecho a la inmediata devolución de las cantidades pagadas o la realización de otro viaje combinado de calidad equivalente o superior.

- Derecho a la indemnización correspondiente por incumplimiento del contrato.

Cuantías de indemnizaciones por la cancelación del viaje por parte de la agencia de viajes:

- El 5 % del precio total del viaje contratado, si el incumplimiento se produjese entre los dos meses y quince días inmediatamente anteriores a la fecha prevista de realización del viaje.

- El 10 % del precio total del viaje contratado, si el incumplimiento ocurriera entre los quince días y tres días anteriores a la fecha prevista de realización del viaje

- El 25 % del precio total del viaje, si el incumplimiento del contrato se produjese en las cuarenta y ocho horas anteriores a la fecha prevista de realización del mismo.

Modificaciones y anulaciones en contratos de vuelos

Los derechos del pasajero por modificaciones y/o anulaciones por cancelación de vuelo son los siguientes:

- Compensación económica —salvo que se informe sobre la cancelación con dos semanas de antelación, o en plazos menores si se ofrece un transporte o vuelo alternativo con mínimas diferencias horarias sobre el vuelo programado, o en caso de circunstancias extraordinarias—.

- El reembolso.

- Un vuelo de vuelta o conducción a destino.

- El derecho de atención (comida, llamadas y, en determinados casos, alojamiento).

Por su parte, los derechos que asisten al pasajero por modificaciones y/o anulaciones de viaje por tren consisten en ofrecer un transporte alternativo equivalente o la devolución del importe del billete. (Ver subepígrafe «Retrasos y cambios de horarios», página 8).

Existen numerosas alternativas a la hora de contratar seguros de viaje, médicos y de automóviles, por lo que debemos conocer cuál es el que mejor se adapta a nuestras necesidades.

✈ DEPARTURES

TIME	DESTINATION	FLIGHT	GATE	REMARKS
12:39	LONDON	BA 903	31	CANCELLED
12:57	SYDNEY	QF5723	27	CANCELLED
13:08	TORONTO	AC5984	22	CANCELLED
13:21	TOKYO	JL 608	41	DELAYED
13:37	HONG KONG	CX5471	29	CANCELLED
13:48	MADRID	IB3941	30	DELAYED
14:19	BERLIN	LH5021	28	CANCELLED
14:35	NEW YORK	AA 997	11	CANCELLED
14:54	PARIS	AF5870	23	DELAYED
15:10	ROME	AZ5324	43	CANCELLED

Es necesario conocer los derechos de los viajeros en materia de retrasos, modificaciones y/o cancelaciones del medio de transporte elegido.

1.2. Seguros de viaje, médicos y de automóviles

Existen numerosas alternativas a la hora de contratar seguros de viaje, médicos y de automóviles, por lo que debemos conocer cuál es el que mejor se adapta a nuestras necesidades.

Aunque los viajes combinados suelen incluir un seguro básico de viajes, que cubre la mayoría de eventualidades típicas del viaje, las agencias de viajes deben recomendar la ampliación de la cobertura a sus clientes según su perfil y las características del viaje, especialmente para aquellos viajeros que han contratado servicios sueltos que carecen de seguro básico. El *seguro básico de viajes* suele incluir, entre otros: gastos médicos o de repatriación, indemnizaciones por pérdida o daño de equipaje, así como indemnizaciones por cancelación del viaje motivada por *overbooking*, problemas técnicos o de la compañía y/o retrasos. Por su parte, las principales garantías que suelen cubrir los *seguros extra* de viajes son: la asistencia médica en caso de enfermedad o accidente y prolongación de la estancia por prescripción médica, la indemnización en caso de cancelación del viaje, *overbooking* o retraso, el adelanto de fondos en caso de robo, etcétera.

> Es necesario conocer la cobertura del seguro de accidentes incluido cuando el viaje se paga mediante una tarjeta de crédito a nombre del titular del viaje —gastos médicos, secuestro del medio de transporte y/o accidente en viaje, entre otros—.

Por lo que respecta a los seguros de los automóviles, para viajar al extranjero se debe solicitar la **Carta Verde**, definida por la Oficina Española de Aseguradoras de Automóviles (OFESAUTO) como: «un documento para ayudar al tráfico internacional de vehículos y para garantizar la atención a las víctimas de accidentes de tráfico entre vehículos de distintas nacionalidades». Este certificado internacional de seguro acredita en un país extranjero adherido a este sistema que se está asegurando, como mínimo, con el alcance y los límites cuantitativos de *Ley sobre responsabilidad civil y seguro en la circulación de vehículos a motor* del país donde se cause el accidente. Este documento está reconocido en más de cuarenta países, incluyendo todos los países que forman parte de la Unión Europea. Cabe destacar que no es preciso disponer físicamente de la misma para cruzar las fronteras en la Unión Europea, ya que cada póliza de seguro de automóvil emitida en un Estado miembro de la Unión Europea garantiza la cobertura mínima de seguro requerida por la ley en otro Estado miembro.

Países donde no hace falta llevar la Carta Verde: todos los de la Unión Europea, además de Andorra, Islandia, Liechtenstein, Noruega y Suiza.

Países donde es necesaria la Carta Verde: Albania, Azerbaiyán, Bielorrusia, Bosnia-Herzegovina, Irán, Israel, Macedonia, Marruecos, Moldavia, Montenegro, Rusia, Serbia, Túnez, Turquía y Ucrania.

1.3. Medios y rutas de transporte nacionales e internacionales

En la organización de viajes, a la hora de seleccionar la ruta de transporte deberíamos tener en cuenta las 3E de los negocios: eficacia, eficiencia y efectividad, es decir, una buena gestión de costes, la consecución de las metas y la optimización en su consecución. Para ello, elegiremos una ruta directa, sin escalas, aunque si esto no fuese posible, optaríamos por la que mejores enlaces tuviera. Esto redundará en una mayor productividad del viajero –que mejorará su rendimiento y su nivel de satisfacción– y, por tanto, generará mayores beneficios para la empresa.

1.4. Medios de realización: Internet, teléfono y otros

En la actualidad existen diferentes medios de realizar una reserva: acudiendo a una agencia de viajes física o a alguna de las agencias colaboradoras de la compañía con la que se vaya a efectuar el viaje, a través de Internet, o bien por teléfono. La elección de un medio u otro dependerá, por una parte, de lo indicado en la política de viajes de la empresa –si la hubiera– y, por otra, de la comodidad y el ahorro de tiempo de la persona que va a realizar la reserva. En cualquier caso, lo realmente importante es leer bien las condiciones de reembolso en caso de aplazamiento o anulación del viaje por parte del viajero, así como de la compañía y/o agencia de viajes proveedora.

1.5. Derechos del viajero

Puesto que existe una regulación legal específica en materia de viajes, es muy importante conocer los derechos de los viajeros, lo que nos permitirá actuar con eficacia en caso de alguna incidencia, sabiendo cuándo, dónde y cómo reclamar las correspondientes compensaciones.

> *La hoja de reclamaciones es el instrumento que se utiliza para que el consumidor pueda hacer una reclamación o denuncia.*

Algunos de los derechos que asisten a los clientes en materia de viajes y transportes se refieren a los siguientes aspectos:

- Equipajes

  Durante el trayecto, las compañías de transporte son las responsables de los daños que pudieran ocasionar al equipaje.

  En el caso de las **compañías aéreas,** es necesario que el pasajero acuda inmediatamente al mostrador de la compañía una vez haya detectado daños y/o incidencias en su equipaje —pérdida, destrucción, deterioro o retraso—, donde deberá cumplimentar el impreso **parte de irregularidad de equipaje** (PIR). Cuando se trate de una pérdida temporal del equipaje, están obligadas a entregarlo sin coste alguno, en el destino elegido por el cliente, y deben dar asistencia inmediata para cubrir las necesidades de los viajeros afectados a corto plazo, que suele consistir en un cheque por una determinada cantidad de dinero, un kit de aseo personal, etcétera. La **pérdida, deterioro o retraso** del equipaje facturado puede dar derecho a reclamar a la compañía una **compensación** económica de diferentes cuantías.

  En **viajes por ferrocarril,** en caso de pérdida o deterioro del equipaje **facturado,** el viajero tiene derecho a una indemnización —excepto si no estuviera correctamente empaquetado, no fuera apto para el transporte o, por su naturaleza, se considerase especial—. Al igual que en los vuelos, la cuantía económica de la indemnización, si tuviese derecho a ella, dependerá del valor del contenido del equipaje.

  En viajes de largo recorrido en **autocar,** el viajero también será indemnizado por la compañía transportista en caso de pérdida del equipaje, así como de los daños ocasionados a este por un accidente.

  En caso de accidente en un medio de **transporte marítimo,** el viajero tiene derecho a que el transportista lo indemnice por pérdida o daños a su equipaje, vehículos u otras pertenencias, para lo que deberá informar por escrito al transportista en el momento en el que se le entreguen sus pertenencias y en un plazo máximo de quince días.

- Retrasos y cambios de horario

  Las **aerolíneas** están obligadas a notificar a los viajeros acerca de retrasos, cancelaciones y/o desvíos de ruta. Sin embargo, cuando el viaje se retrase o se suspenda por causas de fuerza mayor o meteorológicas que afecten a la seguridad de los pasajeros, la aerolínea quedará exonerada de responsabilidades y solo devolverá el precio del billete. Asimismo, también deben asistir a aquellos pasajeros que sufran retrasos superiores a dos horas ofreciendo alojamiento, comidas y bebidas, si bien en estos casos existen algunas excepciones respecto a los motivos que hubieran motivado dicho retraso.

En el transporte por **ferrocarril,** si el retraso impidiese al viajero cumplir el propósito de su viaje, tendrá derecho al viaje de vuelta al punto de partida inicial lo antes posible o en una fecha posterior que él eligiese. Asimismo, deberían ofrecer un transporte alternativo en caso de que el tren se quedase bloqueado y, por tanto, el servicio suspendido. Las indemnizaciones a los viajeros consisten en ofrecer comida y bebida, en función del tiempo de espera y alojamiento, si la espera se prolongase hasta el día siguiente.

> *El compromiso de puntualidad de RENFE establece que por un retraso igual o superior a 60 minutos se devolverá el 50 % del billete y si la demora supera los 90 minutos, la devolución será del 100 % del importe del billete, tal y como establece la legislación.*

Por lo que respecta a los retrasos en viajes de largo recorrido **en autocar,** el viajero puede optar entre el reembolso del billete o elegir un transporte alternativo hasta el punto de destino, de condiciones similares, lo antes posible y sin coste adicional. Asimismo, en función del tiempo de espera, el viajero tendrá derecho a comida y bebida y, en algunos casos, hasta dos noches de alojamiento. No obstante, el transportista no está obligado a ofrecer alojamiento si el retraso se debiese a condiciones meteorológicas extremas o a una catástrofe natural.

Respecto al **transporte marítimo,** si el servicio se cancela o tuviese un retraso de más de noventa minutos, el viajero podrá elegir entre el reembolso del billete y, en su caso, el viaje de vuelta gratuito al punto de partida y ofrecer un medio de transporte alternativo hasta el punto de destino, de similares condiciones, lo antes posible y sin coste adicional. Asimismo, en función del tiempo de espera, la compañía ofrecerá a los viajeros perjudicados comida y bebida, así como alojamiento, si la espera se prolongase hasta el día siguiente. Ahora bien, el transportista no está obligado a ofrecer alojamiento si el retraso se debiese a condiciones meteorológicas extremas.

- *Overbooking*

El *overbooking* en vuelos –o sobreventa– se produce cuando el número de pasajeros con reserva de vuelo confirmada sobrepasa el número de plazas disponibles en dicho vuelolo. No obstante, aunque se trate de una práctica legal, es necesario saber que también se pueden obtener las compensaciones pertinentes. Tras la denegación de embarque la compañía aérea deberá entregar un impreso a los viajeros donde indiquen las normas de compensación por esta práctica y pagará inmediatamente después a la denegación del embarque una compensación económica.

Tabla de indemnización económica por *overbooking*		
Distancia del vuelo	Compensación	Reducción del 50 % si la llegada del vuelo alternativo es menor de
Hasta 1500 km	250 €	2 horas
Vuelos intracomunitarios de más de 1500 km y todos los demás vuelos entre 1500 km y 3500 km	400 €	3 horas
Más de 3500 km	600 €	4 horas

Por lo que respecta al *overbooking* en materia de **alojamiento**, si el número de reservas superase el de las habitaciones, el hotel estará obligado a buscar al cliente otro diferente de igual o superior categoría, pero si no existiera en ese lugar uno de la misma categoría o superior, el viajero podrá pedir el reembolso o la diferencia. Ahora bien, para poder proceder a posteriores reclamaciones, el viajero debe pedir un certificado de esta situación a la dirección del hotel.

La legislación que regula el *overbooking* aéreo es el *Reglamento (CE) n.º 261/2004 del Parlamento Europeo y del Consejo, de 11 de febrero de 2004,* por el que se establecen normas comunes sobre compensación y asistencia a los pasajeros aéreos en caso de denegación de embarque y de cancelación o gran retraso de los vuelos.

- **La protección de consumidores y usuarios. Derechos y obligaciones del cliente y de la agencia**

  Mediante la *Ley 3/2014, de 27 de marzo, por la que se modifica el texto refundido de la Ley General para la Defensa de los Consumidores y Usuarios y otras leyes complementarias, aprobado por el Real Decreto Legislativo 1/2007, de 16 de noviembre,* se pretende:

  — Establecer los procedimientos eficaces para la defensa de consumidores y usuarios.

  — Disponer del marco legal adecuado para favorecer un desarrollo óptimo del movimiento asociativo en este campo.

— Declarar los principios, criterios, obligaciones y derechos que configuren la defensa de consumidores y usuarios.

Por lo que respecta a la contratación con las agencias de viajes, los derechos y obligaciones de las partes están contemplados en las *normas reguladoras de las agencias de viajes*. A modo de resumen, las principales obligaciones de las agencias de viajes son las siguientes:

— Al contratar con sus clientes, las agencias de viajes deberán informarles previamente del coste de los servicios que les prestan y podrían exigir un depósito no superior al 40 % del coste total previsto. Asimismo, deberán entregar recibo o documento justificante de las cantidades recibidas a cuenta detallando todos los conceptos.

— Están obligadas a prestar la totalidad de los servicios contratados con las condiciones y características estipuladas, excepto cuando no fuese posible por causas de fuerza mayor.

— En el momento de la firma del contrato por servicios sueltos la agencia deberá entregar al cliente los bonos de los servicios solicitados y la factura correspondiente, en la que se debe especificar el precio desglosado por cada uno de los servicios demandados y el precio total, así como el recargo por gastos de gestión.

— En los contratos de viajes combinados, las agencias de viajes deben confeccionar y poner a disposición del público el programa del viaje con una información clara y exacta acerca de destinos, duración y calendario del viaje, así como del precio total del paquete; el precio estimado de las excursiones, las características de los medios de transporte, y la relación de los establecimientos de alojamiento que se van a utilizar. Asimismo, deben informar sobre las cláusulas aplicables a posibles responsabilidades, cancelaciones y demás condiciones del viaje.

— En los viajes combinados, las agencias de viajes están obligadas a utilizar los servicios de informadores turísticos, debidamente titulados —un profesional por cada grupo de diez personas— durante el transcurso del viaje.

Respecto a las obligaciones de los viajeros, el *artículo 9 de la Ley 21/1995, de 6 de julio,* que regulaba la renuncia de la persona turista al viaje combinado, fue derogada por el RD Legislativo 1/2007, de 16 de noviembre.

1.6. Legislación sobre viajeros en tránsito y aduanas

Cuando viajamos a otros países debemos tener en cuenta la legislación vigente relativa a la documentación y los trámites necesarios que pudiesen ser requeridos a la entrada y/o salida, tanto para las personas como para las mercancías.

- **Documentación**

  Tal y como se indica en el capítulo 2, existen una serie de documentos que serán necesarios para poder entrar o salir de un país. Para viajar entre países de la Unión Europea, puesto que existe libre tránsito, los ciudadanos miembros solo deberán presentar el documento nacional de identidad o el pasaporte. Sin embargo, en países que no son miembros de la UE, habrá que consultar previamente la documentación requerida al viajero para poder entrar y/o salir de estos.

- **Normativa comunitaria, estatal, autonómica e internacional**

  Según el artículo 28 del Tratado de Funcionamiento de la Unión Europea la Unión Aduanera, caracterizada por la ausencia de fronteras interiores, constituye un fundamento esencial de la UE que se aplica a todos los intercambios de mercancías. De hecho, los derechos de aduanas a la importación y a la exportación, así como los impuestos de efecto equivalente entre Estados miembros están prohibidos. Además, existen otros instrumentos como el código aduanero comunitario que garantizan la aplicación uniforme de las normas por parte de las administraciones aduaneras de los Estados miembros. Respecto a las mercancías en aduanas, al viajar de un país de la UE a otro se pueden llevar tabaco, alcohol y bebidas alcohólicas para uso personal, pero no para la reventa. Así pues, según la legislación de la UE, no hay obligación de demostrar que los productos sean para uso personal si están por debajo de los siguientes límites: 800 cigarrillos, 200 puros, 1 kg de tabaco, 10 litros de licores. 20 litros de vino encabezado —oporto, jerez, etcétera—, 90 litros de vino y 110 litros de cerveza. Si el tabaco o el alcohol que lleva el viajero están dentro de los límites establecidos para el uso personal, no se deben pagar impuestos especiales en el país de la UE al que viaje. Respecto al dinero, al entrar o salir del territorio de la UE, se debe declarar ante las autoridades aduaneras todo importe en efectivo igual o superior a 10 000 euros —o su equivalente en otras divisas—.

- **Normas de seguridad respecto al equipaje de mano y el facturado**

  Al viajar en avión desde un aeropuerto de la UE, se deben tener en cuenta las siguientes normas de seguridad respecto al equipaje de mano y el facturado:

— En lo relativo al transporte de **líquidos,** aerosoles y geles en el equipaje de mano, deben ir en una bolsa de plástico transparente de no más de un litro de capacidad y estar contenidos en recipientes de 100 ml como máximo; los recipientes de más de 100 ml deben ir en el equipaje facturado.

— Los líquidos adquiridos en cualquiera de las **tiendas libre de impuestos** del aeropuerto o en el avión durante el vuelo se pueden llevar como equipaje de mano, siempre que estén dentro de la bolsa de seguridad sellada por el vendedor junto con el tique de compra. Dicha bolsa de seguridad no puede abrirse hasta la llegada al destino final, si bien los agentes de seguridad están autorizados a abrirla en caso de control.

— Los **objetos cortantes o punzantes** que puedan utilizarse como armas —pequeñas tijeras, sacacorchos, etcétera— no están permitidos en la cabina del avión.

— Los artículos **explosivos o inflamables** y otras sustancias corrosivas y tóxicas están prohibidas a bordo del avión, tanto en cabina como en el equipaje facturado.

Respecto a la **normativa internacional,** antes de viajar habrá que informarse en el país de destino de su propia normativa en materia de aduanas y viajeros en tránsito y observar que se cumplen los requisitos solicitados.

1.7. Características y funciones de organismos oficiales

• Embajadas

Una embajada es la representación diplomática de un gobierno ante el gobierno de otro país, siendo el embajador/a su máximo/a responsable. Algunas de sus funciones son difundir y proteger los intereses de su país ante el país en el que esté destinado/a; ratificar cualquier tipo de tratados, acuerdos, etcétera, así como promover las buenas relaciones entre ambos países y fomentar su crecimiento económico, científico, cultural, etcétera. Pero, además, es importante reseñar el importante asesoramiento protocolario que nos ofrecen las embajadas o consulados de nuestro país en el país de destino, sobremanera en materia de precedencias, cuando debamos organizar o hayamos sido invitados a algún evento de carácter oficial al que esté previsto que acudan diferentes personalidades.

• Consulados

Por su parte, un **consulado** es una oficina dependiente de la embajada, entre cuyas funciones figuran las de atender y asesorar las necesidades de los ciudadanos allí desplazados; tramitar visados y otros documentos a los ciudadanos del país que representan; renovar pasaportes y otros documentos oficiales, etcétera.

- **Oficinas de turismo**

Una oficina de información turística es una organización, por lo general, pública y sin ánimo de lucro, cuya finalidad es la de orientar a los turistas entregándoles información para facilitarles la visita y/o estancia en el lugar. Esta información se presenta en diferentes soportes como: folletos, catálogos, mapas de ubicación, callejeros, aplicaciones en el móvil, pantallas interactivas, etcétera. Existen diferentes tipos de oficinas de turismo: de ámbito estatal —Oficinas Nacionales de Turismo—, autonómico, regional, comarcal y local.

- **Acuerdos bilaterales entre países**

Un acuerdo o tratado bilateral es un acuerdo entre dos Estados de índole socio-económica o política, etcétera. A la hora de viajar, debemos tener en cuenta la existencia de acuerdos bilaterales entre nuestro país y el país de destino que atañen a diferentes aspectos como: la cobertura de asistencia sanitaria, la supresión de visados y/o los convenios existentes en materia de cooperación turística, etcétera.

Ejercicio propuesto:
Tu jefa viaja a México por primera vez. Recaba toda la información necesaria acerca del país.

AUTOEVALUACIÓN

1.1. ¿Qué tipos de contratos están autorizados a concertar las agencias de viajes?

1.2. Enumera algunos de los aspectos que cubren las pólizas de seguro básicos.

1.3. ¿Qué es la Carta Verde?

1.4. ¿Cómo se llama el documento que hay que cumplimentar cuando se detecta algún tipo de incidencia a la recogida del equipaje?

1.5. ¿Entre qué cantidades oscilan las indemnizaciones por *overbooking* en compañías aéreas?

1.6. En caso de *overbooking* en un hotel, ¿cuál es la primera obligación que tiene dicho hotel con el huésped afectado?

1.7. ¿Cuál es la Ley General para la Defensa de los Consumidores y Usuarios?

1.8. Indica una de las obligaciones de las agencias de viajes respecto a sus clientes.

1.9. ¿Quién es el máximo responsable de una embajada?

1.10. ¿En qué tipo de soportes se entrega la información en las oficinas de información turística?

Indica si las siguientes afirmaciones son verdaderas o falsas

1.11. Entre otros aspectos, las agencias de viajes están capacitadas para reservar habitaciones en establecimientos hoteleros y otro tipo de alojamientos turísticos.

1.12. Las agencias de viaje no tienen que asesorar a sus clientes en materia de seguros de viaje.

1.13. La Carta Verde solo es válida en España.

1.14. Existen diferentes medios para hacer una reserva; por ejemplo, a través de Internet.

1.15. En función del retraso, las compañías deben ofrecer alojamiento a sus clientes.

1.16. El *overbooking* es una práctica ilegal.

1.17. Las agencias de viajes tienen una serie de obligaciones con sus clientes.

1.18. Los ciudadanos de la Unión Europea necesitan presentar un visado para entrar en otros países miembros.

1.19. Las embajadas pueden asesorar en cuestiones protocolarias.

1.20. Una de las funciones de los consulados es la de atender y asesorar las necesidades de los ciudadanos desplazados en el país en el que se encuentren.

2. Organización del viaje

Introducción

En las grandes empresas o instituciones se organizan frecuentemente viajes de negocios. En este capítulo conoceremos, entre otros, los elementos básicos de la organización de este tipo de viajes, así como los beneficios de la implantación de una *política de viajes* que unifique todos los aspectos relativos a los gastos originados.

Contenido

El manual de gestión de viajes

Cada gran empresa, multinacional o institución cuenta con su propio *manual de gestión de viajes,* documento en el que se recoge la política de empresa respecto a los viajes que se realicen en el desarrollo de su actividad, y cuyos contenidos deben ser observados y cumplidos por las personas y departamentos a los que competa. Dicho manual será redactado según las directrices de la empresa y en él se definen los límites establecidos en diversos elementos del mismo −dietas, presupuestos, etcétera−. A título orientativo, un manual de viaje debería incluir los siguientes apartados:

1. **Objetivos** del viaje.

2. **Alcance**: personas y departamentos a los que compete.

3. **Trámites**: solicitud, reservas, dietas, aplicación y liquidación de gastos.

4. **Presupuesto del viaje**: es la estimación prevista de gastos para sufragarlo. Si fuese necesario un anticipo, se especificará la cuantía solicitada que también debe contar con la pertinente aprobación. Tras el viaje, y con el fin de hacer un estudio de optimización, se adjuntará el presupuesto inicial a los gastos reales finales.

5. **Aprobación del viaje**: una vez que se autoriza el viaje, es el momento de empezar a hacer todas las gestiones y reservas pertinentes, que serán realizadas por las personas o departamentos autorizados a tal efecto. En caso de contar con proveedores de viajes, dichas reservas se efectuarán a través de ellos.

6. **Dietas**: este concepto hace referencia a la cantidad de dinero necesaria para cubrir los gastos de manutención originados en el viaje. En caso de desplazamiento al territorio nacional o al extranjero, en este apartado se detallarán las dietas pertinentes, así como el alcance de las diferentes zonas geográficas, pues las dietas varían. Por otra parte, también se debe especificar la aplicación de las dietas definiendo conceptos como los horarios de salida y llegada, o si el alojamiento incluye el desayuno, por ejemplo.

7. **Seguros**: en este apartado se recoge el alcance de las pólizas de seguros obligatorios, así como los elementos que quedan excluidos.

8. **Liquidación de viajes**: en este apartado del manual se especifica el *modus operandi* para hacer efectivo el cobro de todos los gastos originados por el viaje. Para ello, se debe rellenar una **Hoja de liquidación de viajes** (ver capítulo 4, epígrafe 1).

9. **Archivo**: en este apartado del manual se recogen las normas establecidas para proceder al archivo de la documentación generada por el viaje.

10. **Anexos**: al final del manual deben incluirse, a modo de anexo, los documentos que serán cubiertos por los distintos departamentos y/o por las personas que realizan el viaje, siguiendo las instrucciones marcadas por la empresa, por ejemplo: plantilla de autorización, liquidación de gastos de viaje, etcétera.

Modelo de solicitud de autorización de viaje

Tal y como hemos visto, cuando se organizan viajes con cargo a la empresa es habitual efectuar una solicitud que deberá ser aprobada por el departamento correspondiente. A continuación, figura un modelo de plantilla de solicitud de viaje:

HOJA DE AUTORIZACIÓN DE VIAJE		
LOGO EMPRESA	FECHA (dd/mm/aa)	

NOMBRE Y APELLIDOS:		
DPTO. AL QUE PERTENECE:		
MOTIVO/S DEL VIAJE		
ITINERARIOS	Día salida	Día llegada
DEPARTAMENTO AL QUE SE IMPUTA EL VIAJE		

NECESIDADES DEL VIAJE	
MEDIOS DE TRANSPORTE	☐ AVIÓN *(especificar tipo de billete)* ☐ TREN *(especificar tipo de billete)*
ALOJAMIENTO	HOTEL: *(especificar categoría)*
ALQUILER DE VEHÍCULO	☐ *(marcar la casilla si fuese necesario el alquiler)*

DIETAS	España	Extranjero (especificar país y tipo dieta)
OTROS		

PRESUPUESTO		
Sumas totales		
TRANSPORTE	*(Especificar tipo de transporte y coste)*	
	N.º de días	Coste diario	
HOTEL			
ALQUILER VEHÍCULO			
DIETAS			
OTROS			
TOTAL PRESUPUESTO:		
ANTICIPO:		

FIRMADO		
Empleado/a	Director Dpto.	Director general
(Fecha)	(Fecha)	(Fecha)

FIRMA ENCARGADO/A AUT. VIAJE	FECHA AUTORIZACIÓN VIAJE

2.1. Objetivos del viaje

Antes de emprender un viaje es fundamental definir perfectamente los objetivos propuestos y los resultados que se quieren alcanzar. En gestión de proyectos se utiliza la técnica **SMART** para el correcto diseño de los objetivos:

S	*Specific* (específico)
M	*Measurable* (medible)
A	*Achievable* (realizable)
R	*Realistic* (realista)
T	*Time-bound* (limitado en tiempo)

2.2. Presupuesto

El presupuesto es la suma de todos los costes y gastos previstos para cubrir las necesidades que conlleva un viaje. Es de suma importancia elaborar un presupuesto lo más ajustado posible a los gastos finales en los que se va a incurrir, ya que es un aspecto que contribuye a que la organización del viaje sea un éxito. Al presupuestarlo, se deben tener en cuenta conceptos como: desplazamientos, alojamiento, dietas, etcétera, así como un apartado de gastos imprevistos, en torno a un 10 % del presupuesto total. Asimismo, también hay que añadir el coste en el campo de los recursos humanos, por lo que habría que imputar el coste del tiempo invertido del empleado —en función de su sueldo— y añadir las ganancias que podría haber generado si no hubiese estado de viaje.

> Con el fin de comprobar que los gastos finales se han ajustado lo máximo posible al presupuesto inicial, en la hoja de liquidación de viajes se adjuntará por una parte el presupuesto y por otro la suma de los gastos totales.

2.3. Lista de comprobación y confirmación

En la organización de un viaje deben considerarse numerosos elementos. Debido a su importancia, y con el fin de no olvidar ninguno, lo más recomendable es diseñar una hoja de comprobación y confirmación —o *check list*— que iremos cubriendo según vayamos haciendo los trámites necesarios. Una hoja de comprobación de viajes debería contener, como mínimo, lo siguiente:

- Los datos relativos a la reserva de medios de transporte necesarios.

- El alquiler de vehículo sin conductor y la reserva de alojamiento, así como toda la documentación necesaria.

- Un apartado relativo a otras necesidades como, por ejemplo, las vacunas necesarias en algunos países.

2.4. Documentación necesaria anterior al viaje

Una responsabilidad básica del asistente de dirección consiste en informarse previamente a la realización del viaje de la documentación exigida por las autoridades pertinentes del país al que se viaja. De hecho, existen numerosos documentos que las autoridades de un país podrán requerir al viajero para permitirle la entrada o salida del territorio nacional, en función de su nacionalidad, la finalidad del viaje, la duración de la estancia, etcétera. Los principales documentos son los siguientes:

- **Visados**

  Una **visa** o **visado** es un documento que se adjunta al pasaporte que autoriza la entrada o estancia de una persona en un país con el que no existe libre tránsito. En el tema de los visados es necesario conocer el denominado **espacio Schengen,** creado en 1995 mediante el acuerdo homónimo. Se trata de un grupo de 27 países que abolieron los controles inmigratorios en sus fronteras comunes, funcionando en términos de fronteras exteriores como un solo país. Está formado por 25 Estados miembros de la Unión Europea más Noruega, Islandia, Suiza y Liechtenstein (en régimen de países asociados). Irlanda no forma parte de Schengen, pero puede optar por aplicar algunas disposiciones del acuerdo.

LISTADO DE LOS PAÍSES SCHENGEN			
Alemania	Austria	Bélgica	Bulgaria
Croacia	Dinamarca	Eslovenia	España
Estonia	Finlandia	Francia	Grecia
Hungría	Islandia	Italia	Letonia
Liechtenstein	Lituania	Luxemburgo	Malta
Noruega	Países Bajos	Polonia	Portugal
República Checa	República Eslovaca	Rumanía	Suecia
Suiza			

> *La Unión Europea y el espacio Schengen son dos zonas diferentes.*

Por su parte, existen diferentes tipos de visados:

— **Visa de trabajo:** tal y como su nombre indica, se solicita para acudir a un país por motivos laborales, siempre y cuando la persona que lo demanda haya sido contratada por una empresa del país de destino. Puede ser renovado teniendo en cuenta las condiciones legales previstas por cada país.

— **Visa de tránsito:** este tipo de visado es necesario para los viajeros que deban realizar escalas aéreas en un país antes de llegar al país de destino.

— **Visa de turista:** se solicita para la realización de viajes a otro país en calidad de turista. Este tipo de visado no permite la realización de negocios en el país que se visita. Suele ser gratuito para el viajero, y su duración habitual oscila entre uno y seis meses.

— **Visa de estudiante:** como su propio nombre indica, este tipo de visado permite la estancia de una persona que está matriculada en un centro educativo del país de destino durante el tiempo de realización de los estudios.

— **Visa diplomática:** la que utilizan los embajadores y funcionarios diplomáticos de carrera y sus familiares.

— **Visa de periodista:** para los periodistas que viajen a un país a ejercer su profesión por un periodo determinado de tiempo.

— **Visado de entrada:** se trata de una forma que tienen los gobiernos de controlar el tránsito de extranjeros. Es una autorización para poder presentarse a una aduana migratoria del país de destino, y solicitar ahí la entrada formal (es importante señalar que la sola posesión de un visado no garantiza la entrada al país, esto solo puede decidirlo el oficial de migración). Estos visados son de dos tipos: los de **pasaporte**, que permiten el acceso a un país para una visita de duración definida, y los de **inmigración**, que suponen una autorización para residir en el país de forma permanente, pero requieren muchos más requisitos, por lo que suele ser difícil conseguirlos.

— **Visado de salida:** visado exigido por algunos países a sus ciudadanos cuando desean viajar al extranjero, cuando su país se encuentra en condiciones políticas, sociales o económicas desfavorables.

- **Pasaportes —ordinarios y especiales—**

  Un pasaporte —del francés, *passeport*— es un documento que acredita la identidad y la nacionalidad de una persona y que es necesario para viajar a determinados países. Existen tres tipos de pasaportes: ordinarios, diplomáticos y oficiales, y de servicio.

  — El **pasaporte ordinario** es individual y es expedido por las jefaturas superiores y comisarías de Policía a los españoles, y tendrá una validez improrrogable de cinco años, si el titular tiene menos de treinta en la fecha de su expedición; de diez años, cuando haya cumplido esa edad, y de dos años para los menores de cinco años. La petición de renovación o emisión se realiza mediante solicitud de cita previa por teléfono o a través de la página web de la Policía Nacional.

  — El **pasaporte diplomático** es expedido por el Ministerio de Asuntos Exteriores, Unión Europea y Cooperación de España y sus titulares han de ser altas personalidades de la nación, miembros de la carrera diplomática y consular, y otros altos cargos, a tenor de lo previsto en el artículo 3 del *Real Decreto 1123/2008, de 9 de julio,* sobre pasaportes diplomáticos. La validez es de tres años, que podrá ampliarse hasta cinco. Cuando se prevea que la necesidad de disponer de tal documento sea por tiempo inferior a tres años, será por el tiempo imprescindible que proceda en cada supuesto.

  — Los **pasaportes oficiales y de servicio** son expedidos por el Ministerio de Asuntos Exteriores, Unión Europea y Cooperación de España a funcionarios o particulares que deban salir de España en comisión de servicio al extranjero, así como al personal de las representaciones diplomáticas y oficinas consulares de España en otro país. Los interesados deben estar en posesión del pasaporte ordinario en vigor. La validez de los oficiales dura mientras desempeñen su misión, y la validez de los de servicio, mientras las personas estén adscritas a dichos servicios.

- **Documento nacional de identidad**

  Para circular por los países miembros de la Unión Europea solo es necesario presentar el documento nacional de identidad. Se trata de un documento **público, personal e intransferible** emitido por el Ministerio del Interior, que acredita la identidad y los datos personales de su titular, así como la nacionalidad española de este. Al igual que el pasaporte, la renovación o solicitud se puede solicitar por teléfono o en la web de la Policía Nacional.

> *En la web del Ministerio del Interior se pueden consultar todos los requisitos de solicitud, emisión, plazos de validez, coste, etcétera.*

- **Permiso de conducir**

  Según la Dirección General de Tráfico, «el permiso internacional de conducción es necesario para poder conducir temporalmente por el territorio de países que no sean miembros de la Unión Europea y que no hayan adoptado el modelo de permiso previsto en los Convenios de Ginebra o Viena. El modelo y prescripciones del permiso internacional para conducir se adaptan a lo dispuesto en el Convenio Internacional de Ginebra de 19 de septiembre de 1949. Se compone de una cubierta o cartulina de color gris en forma de tríptico y 16 páginas, en donde, en diferentes idiomas (español, alemán, inglés, francés, italiano, portugués, árabe y ruso), constan los datos personales del titular y de los permisos que posee. Este tipo de permiso tiene una validez de un año y no es válido para conducir en el país que lo expide». Asimismo, también se puede consultar en la página web de la DGT la documentación necesaria para solicitarlo, así como los tipos de permisos existentes.

- **Tarjeta Sanitaria Europea**

  Por otra parte, cuando se trate de viajes dentro de la Unión Europea, es necesario tramitar la solicitud de la **Tarjeta Sanitaria Europea,** un documento personal e in*transfer*ible que acredita el derecho de la persona a recibir las prestaciones sanitarias necesarias durante una estancia temporal en el territorio del Espacio Económico Europeo y Suiza, de acuerdo con la legislación del país de estancia, independientemente de que el objeto de esta sea el turismo, los estudios o el desarrollo de una actividad profesional. Cabe destacar que hay casos en los que el viajero deberá asumir una cantidad fija o un porcentaje de los gastos derivados de la prestación sanitaria, en igualdad de condiciones con los asegurados del Estado al que se desplaza, y que dichos importes no son reintegrables.

> *Un asistente de dirección debe estar pendiente de los documentos acreditativos de su jefe/a y/o compañeros/as de departamento, para lo que se aconseja crear una carpeta personalizada en el ordenador con todos estos documentos escaneados y marcar en la agenda sus respectivas fechas de caducidad.*

2.5. Gestión de las necesidades del país o países que se visiten

En la organización del viaje también se deben cuidar, entre otros, los aspectos relativos a cuestiones de salud, cambios de huso horarios o restricción de equipajes.

- Vacunación

  Al viajar al extranjero es fundamental tener en cuenta el tema de las vacunas. En este sentido, lo más recomendable es consultar el apartado de *Consejos sanitarios a los viajeros* en la web del Ministerio de Sanidad en la que se recopila, entre otros temas, toda la información referente a las vacunas y antipalúdicos necesarios, la prevención de enfermedades y la seguridad en diferentes entornos ambientales. Esta web también permite solicitar, modificar o anular una cita en cualquiera de los Centros de Vacunación Internacional existentes en el territorio nacional. Asimismo, debemos conocer el **Certificado Internacional de Vacunación,** un documento con valor mundial que prueba que una persona ha sido vacunada contra diversas enfermedades. Se trata de un servicio en el que, tras una evaluación individualizada, se administran al viajero las vacunas obligatorias y recomendables, además de prescribirle medicamentos en dosis preventivas. Por su parte, otra fuente de consulta acerca de los requisitos sanitarios de los países a los que se viaja se encuentra en la web del **Ministerio de Asuntos Exteriores, Unión Europea y Cooperación de España,** en su apartado *Recomendaciones a los viajeros.*

  > *Las personas que necesiten vacunarse lo harán con suficiente antelación por si la vacuna les provocase algún tipo de reacción alérgica o en caso de que se trate de vacunas dosificadas.*

- Permisos especiales

  Cada país establece una serie de requisitos para poder entrar en el territorio, por lo que el asistente de dirección debe conocerlos cuando prepara un viaje. Para ello, lo más recomendable es consultar en la embajada del país que se va a visitar los requisitos y/o permisos especiales de entrada, sanidad, divisas, etcétera.

- Control de aduanas

  Antes de circular libremente en la Unión Europea o de ser transportadas a otros países, las mercancías son sometidas a control en las aduanas mediante diferentes medidas. En todo caso, esta información se obtiene a través de los diferentes organismos responsables de la materia en los países de destino. Este tipo de medidas incluye:

— La **declaración aduanera** –de importación o exportación– que debe ser presentada para identificar la mercancía y especificar qué destino quiere darse a la misma. En España esta acción suelen realizarla los **agentes de aduanas,** que actúan de intermediarios entre los particulares y la Administración.

— El abono de los derechos de importación o de exportación –también llamados **aranceles de aduanas**–, cuando así lo disponga la legislación vigente.

— **La inspección de las mercancías**, con el fin de comprobar la veracidad de la declaración.

— La comprobación de que se han observado las normas sobre **política comercial** establecidas por la Unión Europea para sus intercambios con otros países.

— Asimismo, existe otro tipo de movimiento de artículos y que requiere una tramitación específica: se trata del **tránsito** por la **Unión Europea** de bienes que tienen su origen y destino en países no pertenecientes a ella o, el paso de un país a otro de la Unión a través de un Estado que no pertenece a la misma.

- **Equipajes**

Los equipajes pueden ser de mano o los tradicionales que se transportan en la bodega del avión. Especialmente en el caso de los aviones, es necesario informarse de las condiciones que rigen en cada una de las compañías en lo relativo al equipaje de mano –medidas y peso máximo–, así como al equipaje de bodega, que suele tener en la mayoría de los casos un límite de peso a partir del cual se debe pagar un suplemento. Sin embargo, los viajeros que se desplazan por negocios deben preparar su equipaje de la manera más eficaz posible para lo que deben tener en cuenta dos requisitos básicos: por un lado, la duración del viaje y, por otro lado, el tipo de actos a los que esté previsto acudir –recepciones, cenas de gala, etcétera–, así como las actividades de ocio y tiempo libre programadas.

> *Hay que tener en cuenta las medidas de seguridad que restringen la cantidad de líquidos o sustancias de consistencia similar que los pasajeros pueden llevar consigo cuando pasan los controles de seguridad de los aeropuertos comunitarios o de otros países que no pertenecen a la Unión Europea.*

- **Cambio de huso horario**

  El huso horario, también llamado franja horaria, se define como: «cada una de las 24 partes en las que se divide la tierra por medio de meridianos –comenzando en el meridiano de Greenwich– y que sirve para determinar la hora en los días». Aunque resulte obvio, es necesario conocer los cambios horarios del destino al que se va a viajar, por lo que en la fase de preparación del viaje es conveniente consultar el huso horario que rige en el país de destino. Asimismo, cuando las diferencias horarias son muy grandes, provocan el denominado *jet lag* o 'síndrome de los husos horarios', que consiste en un desequilibrio entre el reloj interno de una persona y el nuevo horario existente en el país al que se viaja en avión, y que se suele combatir con una medicación específica para este malestar. Otras medidas para combatir este efecto consisten en beber muchos líquidos –evitando el consumo de alcohol–, así como ingerir comidas ligeras. A la llegada al destino, es aconsejable exponerse a la luz natural con el fin de *aclimatarse* al mismo.

Husos horarios.

- **Divisas**

  Antes de viajar al extranjero se debe averiguar el tipo de moneda utilizada en el país al que se viaja, así como las cantidades con las que se puede entrar y/o circular por este. Esta información se puede obtener consultando a la embajada o consulado del país de destino, o bien en páginas web especializadas en divisas.

2.6. Itinerarios

En los viajes de negocios en los que se visitan diferentes ciudades, el criterio de organización de los itinerarios se adoptará en función de las reuniones que vayan a celebrarse, así como otros factores tales como la proximidad a la sede de celebración de la reunión, o la disponibilidad de medios de transporte para llegar al sitio. El asistente de dirección debe tener un esquema de los itinerarios, con el fin de saber dónde se encuentra el/la jefe/a y poder localizarlo si fuese preciso.

2.7. Medios de transporte

Los medios de transporte son las diferentes maneras por las que personas y mercancías se trasladan de un lugar a otro. Se clasifican en: **terrestres** –automóvil, autobús, tren–, **aéreos** –avión, helicóptero– y **marítimos** –barcos, yates, etcétera–. Al decantarnos por un medio u otro, lo haremos teniendo en cuenta las directrices de la política de viajes de la empresa, si bien el avión es el medio más utilizado en los viajes de negocios nacionales e internacionales.

2.8. Métodos para el alquiler de vehículos. Normativa al respecto

En aquellas ocasiones en las que sea preciso alquilar un vehículo, debemos tener en cuenta diferentes criterios:

- Se debe comparar entre las compañías más punteras de alquiler de vehículos sin conductor con el fin de conocer las mejores ofertas o campañas de promoción. Para ello, una vez que la compañía nos confirma la disponibilidad, con los datos del presupuesto compararemos la información con otra empresa y comprobaremos los requisitos de alquiler y los servicios ofrecidos –kilometraje limitado o ilimitado, accesorios (por ejemplo, GPS), etcétera–.

- Al confirmar la reserva, hay que leer bien las condiciones del contrato y también la letra pequeña, con el fin de no llevarse sorpresas posteriores.

- Por lo general, la forma de pago es mediante tarjeta de crédito.

- Respecto al tema de los seguros, las tarifas ya suelen incluir un seguro a todo riesgo y sin coste adicional, con posibilidad de franquicia, aunque los seguros del automóvil no cubren los daños ocasionados por negligencia o imprudencia del conductor.

> *Si bien la actividad del alquiler de vehículos sin conductor ha estado tradicionalmente sometida a autorización reglada –no discrecional– de la Administración del Estado, en la actualidad las comunidades autónomas han dictado su propia normativa al respecto.*

Supuesto práctico

Tienes que realizar la reserva de un vehículo sin conductor con las siguientes premisas: un vehículo clase F, tres días de alquiler, kilometraje ilimitado, recogida y entrega del vehículo en el aeropuerto –o estación de tren– de tu localidad.

Haz una comparativa de presupuestos en dos agencias *online* de alquiler de vehículos sin conductor.

2.9. Visitas turísticas

Siempre y cuando la estancia en el lugar de destino deje tiempo libre, deberíamos organizar una *hoja de ruta* paralela de visitas turísticas al lugar, premisa que es **obligatoria** cuando se trate de un/a ejecutivo/a que viaje con acompañante. Para ello, podemos ponernos en contacto con la oficina de turismo del país y/o región solicitando la información pertinente que enviarán mediante correo electrónico, aunque, si se indica expresamente, también la envían impresa por correo ordinario. No obstante, en la actualidad podemos buscar toda la información en **Internet**, elaborar los itinerarios de visitas e imprimir los documentos más importantes como los planos y/o mapas de ubicación.

2.10. Información cultural y genérica

Además de la información para las visitas turísticas, también debemos buscar la **oferta cultural** programada para la fecha, por lo que, en caso de estar interesados en acudir a alguna representación teatral o un musical, por ejemplo, debemos comprar los tiques con suficiente antelación.

AUTOEVALUACIÓN

2.1. Enumera los apartados que debería incluir un manual de viajes.

2.2. ¿A qué hacen referencia las dietas?

2.3. ¿Qué significa el acrónimo SMART respecto al diseño de objetivos?

2.4. ¿Qué documentos se deben adjuntar en la hoja de liquidación de viajes para comprobar que los gastos finales se han ajustado al presupuesto inicial?

2.5. Cita tres tipos de visado.

2.6. Detalla las principales características del pasaporte ordinario.

2.7. ¿Qué acredita la Tarjeta Sanitaria Europea?

2.8. ¿Dónde se puede encontrar información sobre el tema de las vacunas y prevención de enfermedades antes de viajar al extranjero?

2.9. ¿Qué es el *jet-lag*?

2.10. ¿Dónde podemos obtener información acerca del tipo de moneda utilizada en el país al que se viaja?

Indica si las siguientes afirmaciones son verdaderas o falsas

2.11. El alcance de un viaje hace referencia a las personas y/o departamentos a los que compete.

2.12. En el apartado de seguros de un manual de viajes se recoge el alcance de las pólizas de seguro obligatorias, así como los elementos incluidos.

2.13. En el presupuesto de un viaje se debe tener en cuenta el apartado de gastos imprevistos.

2.14. El espacio Schengen y la Unión Europea son dos zonas diferentes.

2.15. La duración habitual de una visa de estudiantes oscila entre uno y seis meses.

2.16. El permiso internacional de conducir tiene una validez de dos años.

2.17. El Certificado Internacional de Vacunación es un documento que prueba que una persona ha sido vacunada contra diversas enfermedades.

2.18. Los viajeros que se desplazan por negocios deben tener en cuenta dos requisitos básicos a la hora de preparar su equipaje: la duración del viaje y el tipo de actos a los que vaya a acudir.

2.19. El asistente de dirección debe tener un esquema claro de los itinerarios que realiza su jefe/a durante el viaje.

2.20. Cuando un ejecutivo viaja con acompañante no es recomendable organizar a este último una hoja de ruta de visitas turísticas.

3. Planificación del viaje

Introducción

Una buena planificación conlleva una inversión previa de tiempo prestando atención a todos los detalles, con el fin de que todo salga a la perfección. Así, en caso de que surgiera algún imprevisto, gracias a estos preparativos tendríamos capacidad de reacción y podríamos solventarlo a tiempo. Para ello, a lo largo del capítulo conoceremos aspectos organizativos tales como: medios de transporte, tipos de alojamiento y reservas, y otros conceptos importantes como: la oficina móvil o la importancia de la correcta elección de los intérpretes en las reuniones de negocios.

Si bien cada asistente tiene su propia metodología de trabajo, por lo general cuando nos comunican la necesidad de organizar un viaje de negocios seguiremos los siguientes pasos:

- Anotar la fecha de salida.

- Motivo.

- Destino/s previsto/s.

- Duración del viaje.

- Itinerarios.

- Selección de medios de transporte.

- Reserva de alojamiento.

- Elaboración de programa de trabajo: agenda, reuniones, comidas de trabajo, invitaciones a actos oficiales, etcétera.

- Elaboración del presupuesto.

Por otra parte, un documento que debería manejar constantemente un asistente de dirección es una *ficha de viajero* en la que se detallen los gustos y preferencias de las personas a las que organiza sus viajes. Consultar esta ficha agilizará mucho el trabajo.

FICHA DE VIAJERO		
Nombre y apellidos		
Cargo		
N.º de empleado		
Teléfono trabajo		
Teléfono, dirección particular y persona de contacto (para contactar en caso de emergencia)		
Fecha caducidad DNI/pasaporte/ carnet de conducir/otros		
Datos de facturación	Especificar a qué departamento, proyecto, etcétera, se carga el viaje; si está dentro o fuera de convenio, etcétera.	
PREFERENCIAS		
COMIDAS	Especificar si tiene alguna enfermedad, alergia, etcétera.	
HOTELES	Cinco o cuatro estrellas	Tipo de habitación; no fumador; alejada del ascensor; no le gustan las alturas, etcétera.
MEDIOS DE TRANSPORTE		
AVIÓN	Primera, *business*, turista	Pasillo o ventana
TREN	AVE: club, preferente, turista	Otros trenes: Preferente, turista, coche cama
VEHÍCULOS DE ALQUILER	Especificar grupo (A, B, C, D, E, OTROS) y marca preferida	
TARJETAS DE FIDELIDAD		
Compañía, hoteles, etcétera.	Tipo y n.º de tarjeta	
OBSERVACIONES		

Contenido

3.1. Medios de locomoción

Tal y como hemos visto en el capítulo anterior, existen diferentes medios de transporte: automóvil, ferrocarril, aviones, etcétera y su elección estará influenciada sobre todo por la agenda de reuniones programada, y por otros factores como la cercanía del punto de llegada al núcleo urbano o al lugar donde se vayan a desarrollar dichas reuniones.

3.2. Horarios

A la hora de hacer una reserva de un medio de transporte, los horarios se eligen en función de la agenda prevista. Cuando se trate de viajes a otras ciudades o países, habrá que prever un tiempo prudencial para el desplazamiento desde el aeropuerto o estación hasta el lugar donde se vaya a desarrollar la reunión. En estos casos, y cuando así esté contemplado en la política de viajes, habrá que prever un servicio de *transfer* tanto a la llegada como a la partida del viajero/a.

3.3. Reservas de transporte

Una buena planificación del viaje requiere hacer las reservas pertinentes de manera correcta. Así pues, una vez que se comunica la organización de un viaje, porque se haya programado una reunión u otro tipo de actividad empresarial que requiera la presencia de un ejecutivo o empleado, se harán las reservas necesarias con la suficiente antelación, de modo que las partidas presupuestarias destinadas a gastos de transporte resulten equilibradas en coste y tiempo.

> *En el manual de viajes queda definido quiénes son las personas que tienen derecho a una u otra categoría de billetes.*

Al realizar una **reserva de vuelo** debemos comprobar cuál es la compañía que ofrece los horarios que más se ajusten a nuestras necesidades, la/s clase/s disponible/s y las tarifas, así como la distancia desde el aeropuerto hasta el destino, con el fin de calcular el tiempo adicional que requiere el desplazamiento. Los vuelos pueden ser de primera clase, *business* y/o turista.

Respecto a las **reservas** de plazas en **tren**, debemos seguir el mismo procedimiento que para las reservas de vuelos. En el AVE existen diferentes clases de billetes: club, preferente y turista. En el resto de trenes pueden ser: turista, preferente y coche cama.

Para hacer una reserva de **alquiler de vehículo**, los datos que aportaremos serán: la fecha de ida y vuelta, el lugar de recogida y entrega, los itinerarios y el número aproximado de kilómetros que se van a recorrer con el coche, así como el tipo de vehículo que deseamos alquilar.

Por su parte, la **reserva del alojamiento** estará condicionada por los gustos y preferencias del/de la jefe/a. De hecho, en el caso de que se hospede habitualmente en el mismo hotel y no hubiese habitaciones disponibles para una determinada fecha, debemos buscar otros hoteles de características similares y, tras el pertinente filtro, le mostraremos las nuevas opciones, con el fin de que decida cuál elige. A la hora de reservar un hotel, se recomienda utilizar páginas web multibuscadoras que comparan los precios en un hotel para la misma habitación y en la misma fecha ofreciendo la mejor tarifa posible. Los datos que necesitamos para hacer la reserva de alojamiento son: fecha de llegada y salida —número de pernoctaciones— y el régimen de pensión alimenticia elegido. Asimismo, si estuviese prevista la celebración de reuniones en el mismo hotel en el que se va a hospedar, debemos comprobar la disponibilidad de salas de reuniones.

- Billetes

    Los billetes de avión, impresos o electrónicos, suponen la confirmación de la reserva, pero no aseguran necesariamente la plaza en el vuelo. Esta se confirma mediante la **tarjeta de embarque** que se puede obtener de diferentes maneras:

    — En los mostradores de facturación de la compañía aérea correspondiente, debiendo presentar el billete impreso y el documento de identificación de la persona titular del billete, además de la tarjeta con la que se efectuó el pago, si se hubiera comprado por Internet.

    — En las diferentes oficinas o sucursales de la compañía aérea en la ciudad.

    — Mediante el *autocheck-in*, las máquinas de facturación que las compañías ponen a disposición de sus clientes en el aeropuerto.

    — Mediante el *check-in online*, que permite imprimir la tarjeta del vuelo a través de la compañía aérea en la que se compró el billete. Esta última modalidad es la más recomendable para los viajes de negocios, pues permite un gran ahorro de tiempo y mayor comodidad para el/la viajero/a.

    Los **billetes de tren** pueden adquirirse **con reserva** —en el que figuran la fecha de salida, el tren y la clase— o directamente **sin reserva**. Los billetes de largo recorrido contendrán la siguiente información: nombre de la compañía que realiza el transporte, nombre y clase del tren, número de plaza reservada, origen y hora de salida, destino y hora de llegada, y transbordos —si los hubiera—, detallando el lugar y hora. Asimismo, en el billete se especificará el peso y el volumen del equipaje admitido y hora límite de facturación, si la hubiera.

Los **billetes de autobús** pueden adquirirse a través de la venta anticipada o bien el mismo día de la salida, y deben contener, como mínimo, los siguientes datos: la empresa que va a efectuar el viaje; la hora de salida y llegada, y el lugar de origen y destino, respectivamente; el precio final —incluidas las tasas— y el autocar, la clase y el número de plaza.

Si se tratase de un viaje en un medio de **transporte marítimo**, el billete puede ser de dos tipos: de **cabina/camarote** y el **billete de butaca**. Cabe reseñar que algunas compañías requieren el canje del billete por la pertinente tarjeta de embarque.

> *A la hora de reservar un billete o alojamiento, tendremos en cuenta si el/la jefe/a dispone de alguna tarjeta asociada a programas de fidelidad. En el caso de las compañías aéreas los programas de puntos permiten, entre otras ventajas, el acceso a clases superiores a las reservadas o la elección de asiento.*

- Justificantes

A la hora de realizar cualquier tipo de reserva es absolutamente necesario guardar el/los **justificantes** de reserva y/o pago. Para ello, lo más recomendable es guardar en la correspondiente carpeta del ordenador el documento de reserva y/o compra emitido por la compañía y/o agencia de viajes, al tiempo que se imprimen y se adjuntan al dosier de la preparación del viaje.

3.4. Alojamientos y tipos de pensión. Menús —genéricos y dietas especiales por motivos de salud o creencias religiosas—

Si bien en España no existe un sistema nacional genérico de clasificación para los hoteles, cada comunidad autónoma dispone de su propia legislación, aunque las diferencias entre unas y otras son mínimas. Los alojamientos se clasifican en hoteleros y extrahoteleros. Los alojamientos hoteleros están formados por los hoteles —que ofrecen alojamiento con o sin servicios complementarios y sus categorías van de una a cinco estrellas—, los aparthoteles, los moteles y los hostales o pensiones. Por su parte, los alojamientos extrahoteleros engloban los *campings*, casas rurales y apartamentos de larga estancia, respectivamente. En España la Confederación Española de Hoteles y Alojamientos Turístico

—**CEHAT**—, establece los requisitos mínimos por categoría de los alojamientos turísticos, si bien puntualizan que existen varios requisitos técnicos generales, como que el hotel debe exhibir en la entrada principal una placa con su categoría o la obligación de que los precios máximos de los servicios estén expuestos en recepción.

Requisitos mínimos para las diferentes categorías de hoteles				
1 ESTRELLA	**2 ESTRELLAS**	**3 ESTRELLAS**	**4 ESTRELLAS**	**5 ESTRELLAS**
Habitación doble de 12 m² mínimo	Habitación doble de 14 m² mínimo	Habitación doble de 15 m² mínimo	Habitación doble de 16 m² mínimo	Habitación doble de 17 m² mínimo
Habitación individual de 7 m² mínimo	Habitación individual de 7 m² mínimo	Habitación individual de 8 m² mínimo	Habitación individual de 9 m² mínimo	Habitación individual de 10 m² mínimo
Cuarto de baño (baño o ducha) de 3,5 m² mínimo	Cuarto de baño (baño o ducha) de 3,5 m² mínimo	Cuarto de baño (baño o ducha) de 4 m² mínimo	Cuarto de baño (baño y ducha) de 4,5 m² mínimo	Cuarto de baño (baño y ducha) de 5 m² mínimo
Calefacción y ascensor	Teléfono en habitación, calefacción, ascensor y servicio de caja de seguridad	Teléfono en habitación, calefacción, A/A en zonas comunes, ascensor, bar y servicio de caja de seguridad	Teléfono en habitación, calefacción, A/A en habitación, ascensor, bar y caja fuerte en habitación	Teléfono, calefacción, A/A en habitación, ascensor, bar y caja fuerte en habitación

Asimismo, existen diferentes modalidades de régimen alimenticio en los alojamientos turísticos que se clasifican en:

SA: solo alojamiento.
AD o HD: alojamiento y desayuno.
MC: media pensión —por lo general, desayuno y cena—.
PC: pensión completa —desayuno, almuerzo y cena—.
TI: todo incluido —la pensión completa más los servicios especificados en cada establecimiento—.
SP: según programa —se debe consultar con el hotel elegido—.
HM: primer día solo alojamiento, segundo día media pensión y el tercero desayuno —esta combinación suele ofrecerse en paquetes de fin de semana, de viernes a domingo—.

- Menús –genéricos y dietas especiales por motivos de salud o creencias religiosas–

  Por lo que respecta a los **menús**, pueden ser **genéricos** y **especiales**. Los menús genéricos incluyen todo tipo de alimentos, y los especiales tienen en cuenta diferentes criterios como creencias religiosas –exclusión o forma de preparación diferente de los alimentos–, prescripción médica por enfermedad –diabetes, colesterol, alergias y/o intolerancias alimentarias, etcétera.

Supuesto práctico

Realiza todas las gestiones necesarias para la organización del viaje que te ha encargado tu jefa con las siguientes premisas:

«El próximo día 25 de junio debo acudir a Ámsterdam a la feria anual en la que tendrá lugar la presentación de un nuevo producto de la compañía. Al finalizar la jornada de trabajo, acudiré a la cena de gala que han organizado para los asistentes. Resérveme el primer vuelo de vuelta por la mañana».

3.5. Medios de cobro y pago

La materialización del pago y/o el cobro de una operación se pueden efectuar con dinero o mediante unos documentos sustitutivos de este. Los pagos deberán efectuarse en la moneda de curso legal en España o en moneda extranjera, en función de lo que se haya pactado previamente.

- Monedas y billetes –normativa vigente para la entrada y salida del país, cantidades–

  El **Banco de España** es la institución encargada de la *normativa* de la emisión de billetes y monedas además de determinar su cuantía y sus características. La normativa vigente para la entrada y salida de dinero del país regula la cuantía de los movimientos de los instrumentos de cobro o pago a través de las fronteras españolas y define las limitaciones que responden a las necesidades de los viajeros en sus desplazamientos al extranjero. La información que figura en la página web del **Tesoro Público**, se resume en los siguientes puntos:

  1. *Se deben declarar los movimientos de efectivo, cheques bancarios al portador y/o de cualquier otro medio físico, en aquellos movimientos de entrada y salida del territorio nacional por un importe igual o superior a diez mil euros (10 000 €) o su equivalente en moneda extranjera. También existe la obligación de declarar los movimientos de efectivo,*

realizados en el interior de nuestro país, por un importe igual o superior a cien mil euros (100 000 €) o su equivalente en moneda extranjera.

2. Están obligados a presentar la declaración las personas físicas que transportan los fondos independientemente de que actúen por cuenta propia o de terceros.

3. La presentación del modelo será previa a la realización del movimiento y se realiza cumplimentando y firmando la declaración S-1.

4. La declaración será presentada ante los Servicios de Aduanas con carácter previo a la salida y ante las Dependencias Provinciales de Aduanas e Impuestos Especiales de la Agencia Estatal de Administración Tributaria cuando se trate de movimientos por territorio nacional.

5. La omisión de declaración o la falta de veracidad de los datos declarados determinarán la intervención por los Servicios de Aduanas o las Fuerzas y Cuerpos de Seguridad del Estado de la totalidad de los medios de pago hallados y podrá imponerse la sanción de multa cuyo importe mínimo será de 600 € y cuyo importe máximo podrá ascender hasta el doble del contenido económico de los medios de pago empleados.

- **Tarjetas bancarias −de crédito y de débito−**

Las tarjetas bancarias son medios de pago que sustituyen al dinero en efectivo. Las tarjetas poseen una banda magnética donde se identifica la cuenta y el titular, y requieren un código personal que facilita y asegura las operaciones. Las **tarjetas de crédito** son tarjetas que permiten hacer compras o sacar dinero a modo de prestamo que ha de ser devuelto en diferentes plazos −pago único o aplazado−, y su uso conlleva una comisión sobre la cantidad dispuesta, además de una cuota anual. Estas tarjetas tienen cobertura internacional, por lo que facilitan el pago en el extranjero sin que sea necesario el cambio de moneda. Por su parte, las **tarjetas de débito** generan un cargo −o débito− por lo general de manera inmediata, en la cuenta a la que está asociada dicha tarjeta, por lo que es preciso disponer de fondos en dicha cuenta bancaria.

Asimismo, existe otro tipo de tarjetas: las tarjetas sin contacto o *contactless*. Son las tarjetas, tanto de débito como de crédito, que disponen de esta tecnología. Permiten realizar los pagos sin necesidad de introducir la tarjeta en el datáfono, sino simplemente acercando la tarjeta al aparato.

- **Cheques de viaje**

El **cheque** es un medio de pago que sustituye al dinero. Se trata de un documento que contiene una orden de pago de una cantidad determinada de dinero dirigida a un banco o entidad de depósito donde el emisor del título tiene fondos disponibles. En las operaciones de compraventa, el comprador emite el cheque que entregará al vendedor como pago del precio. A continuación, el vendedor podrá hacerlo efectivo en la entidad bancaria donde el comprador tenga fondos o en la suya propia mediante la denominada *compensación bancaria*. Las personas que intervienen son:

— **Librador**: persona que emite el cheque y ordena su pago.

— **Librado**: entidad bancaria que recibe la orden de pago con los fondos que el librador tiene a su disposición.

— **Tenedor**: persona que se encuentra en posesión del título.

— **Endosante**: persona distinta del librador que transmite el cheque mediante endoso.

— **Avalista**: persona que garantiza el pago del cheque si no lo hace el principal obligado al que avala.

Por otra parte, existen tres formas de emitir un cheque —o librar—:

— **Cheque al portador**: el cheque se pagará a cualquier persona que lo presente al cobro.

— **Cheque a la orden**: el cheque se pagará, en su caso, a la persona que en él se designe o a otra a su orden.

— **Cheque nominativo**: el cheque se pagará exclusivamente a la persona designada en el mismo.

Asimismo, existe otra modalidad de cheques: los **cheques de viaje**. Estos son emitidos por una institución financiera, funcionan como dinero en efectivo y su principal ventaja es la de estar protegidos contra la pérdida o robo, además de ser muy útiles sobre todo en viajes al extranjero donde no sean aceptadas nuestras tarjetas de crédito.

- **Eurocheques**

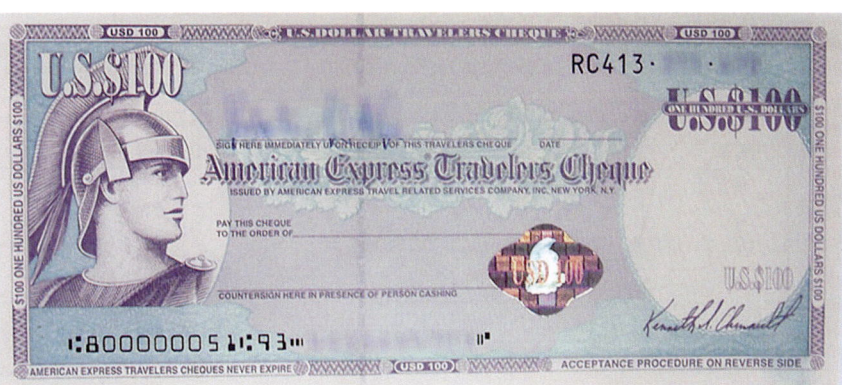

Por otro lado, existen también los **eurocheques** que son emitidos por un banco europeo, van asociados a una tarjeta de débito y pueden ser utilizados en toda la zona euro. Sin embargo, su uso ha descendido notablemente en los últimos años.

- Internet

El **comercio electrónico** ha revolucionado los hábitos de consumo, por lo que las formas de pago han evolucionado y, en la actualidad, disponemos de diferentes opciones digitales que optimizan los procesos de compra del usuario. Algunas de ellas son:

Monedero digital o *wallet*: plataforma electrónica que permite almacenar diferentes informaciones de pago a través de los números de una tarjeta de crédito o débito.

***Bizum*:** método de pago *online* que se realiza de forma instantánea entre cuentas bancarias utilizando únicamente el número de teléfono asociado a dicha cuenta. Por lo general, es un servicio integrado directamente en la aplicación móvil del banco.

Criptomonedas: método de pago *online* que, a diferencia del dinero tradicional, utiliza criptografía para asegurar los pagos, lo que dificulta la falsificación. Las criptomonedas utilizan en sus operaciones una tecnología denominada *blockchain* (cadena de bloques de información) gestionada por una red de computadoras.

Ejercicio	
Relaciona con flechas los siguientes términos:	
Tenedor	Entidad bancaria que recibe la orden de pago con los fondos que el librador tiene a su disposición.
Avalista	Persona que emite el cheque y ordena su pago.
Endosante	Persona que garantiza el pago del cheque si no lo hace el principal obligado al que avala.
Librador	Persona distinta del librador que transmite el cheque mediante endoso.
Librado	Persona que se encuentra en posesión del título.

- Medios internacionales de pago básicos

Al afrontar pagos en el ámbito internacional existe una amplia variedad de medios, por lo que la elección de uno u otro estará determinada, por una parte, por el conocimiento que tengamos del vendedor y, por otra parte, por los costes que conlleven, así como por la frecuencia de las operaciones que efectuemos. Los medios de pago más comunes en transacciones comerciales son:

— **Carta de crédito**: se trata de un sistema de pago mediante el cual un banco actúa por instrucciones de su cliente, pagando a un vendedor una determinada suma de dinero, siempre y cuando se cumplan ciertos requisitos estipulados previamente. Este sistema es el más utilizado y, al mismo tiempo, el más conveniente en las transacciones internacionales.

— **Pago anticipado**: supone un gran riesgo para el comprador, ya que este, antes del embarque debe abonar en la cuenta del exportador el importe de la mercancía.

— **Cheque bancario internacional**: se trata de un cheque emitido por un banco contra sus propios fondos a solicitud del importador, quien previamente habrá abonado al banco dicho importe. Este medio de pago se caracteriza por su bajo coste y la simplicidad de la operación, pero también por el riesgo que supone para el comprador.

— **Orden de pago simple**: mediante este sistema el exportador envía la mercancía y la documentación necesaria para que esta pueda ser recibida por el importador. Una vez recibida la mercancía, el importador solicita a su banco que pague al exportador mediante *transfer*encia bancaria.

• **Cálculo del cambio**

Para conocer el valor de una moneda respecto a otra diferente, debemos realizar el cálculo del cambio. Una de las formas más habituales y sencillas consiste en realizar el cálculo del cambio mediante la utilización de páginas webs especializadas, por lo que al organizar viajes al extranjero es imprescindible saber manejarlas correctamente. Para ello, tan solo se debe introducir la divisa origen y la cantidad que se quiere calcular, así como la moneda a la que se quiere convertir.

> *El valor de una moneda no es siempre el mismo, ya que puede verse influido por diferentes motivos socioeconómicos.*

La cotización de una moneda nos indica qué cantidad de divisa secundaria se necesita para comprar una unidad de la divisa origen, por ejemplo:

Por otra parte, también se puede averiguar directamente la cuantía total que se desea cambiar:

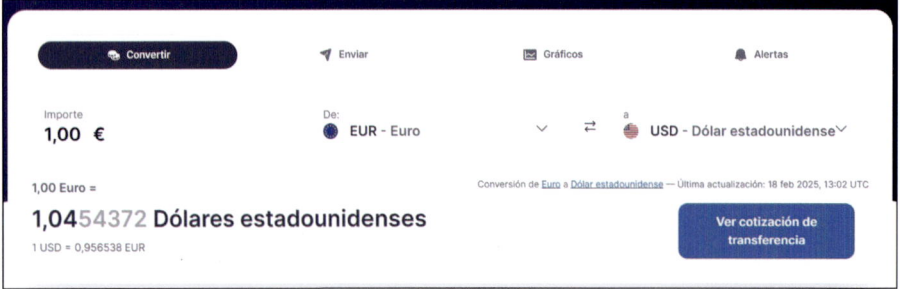

3.6. Intérpretes

El tema de los intérpretes es realmente importante en aquellas empresas o instituciones que se relacionan comercialmente en el extranjero. De hecho, el éxito de una negociación puede depender de la correcta elección de un buen profesional, por lo que no se debe escatimar en gastos, sino recurrir a los mejores. Además, es recomendable trabajar siempre con los mismos intérpretes, pues el conocimiento mutuo facilita el trabajo.

La discreción es un requisito fundamental en un intérprete.

Ahora bien, antes de empezar hay que distinguir entre la interpretación y la traducción: la interpretación es la **traducción oral** de lo que dice una persona, mientras que la traducción actúa sobre la **lengua escrita**.

La interpretación tiene dos modalidades: **simultánea y consecutiva**. En la interpretación simultánea, el intérprete va traduciendo lo que está diciendo otra persona de manera simultánea. En este tipo de interpretación se utiliza una cabina donde los intérpretes realizan su trabajo. Las cabinas, desde las que se tiene visión de la sala donde se desarrolla la reunión, pueden ser portátiles o fijas, y tienen capacidad para dos personas que se turnan cada media hora, debido a la intensidad que requiere su trabajo. A la entrada de la sala se coloca una mesa con una persona que se encarga de entregar los auriculares a las personas que así lo soliciten. Con este fin, el asistente entrega su DNI –o cualquier otro documento acreditativo– a modo de señal que le es devuelto una vez hace entrega del auricular.

Ahora bien, existen otras circunstancias en las que, bien por motivos de seguridad, o bien por falta de espacio, no se coloca cabina, sino que se efectúa la interpretación denominada *chuchotage* –del francés 'susurrar'–, en la que el intérprete se coloca por detrás o junto a la persona a la que va a prestar su servicio y le susurra al oído lo que están diciendo sus interlocutores. Debido a su inmediatez, la interpretación simultánea es la más indicada en reuniones o negociaciones en las que participan varias personas, porque, además, tiene la ventaja de que al ser grabada se puede consultar posteriormente en caso de que surgiese alguna duda.

Por su parte, la **interpretación consecutiva** es la modalidad en la que el intérprete toma la palabra justo a continuación del orador, con el fin de traducir a otro idioma sus palabras. En función de las personas presentes –o de las circunstancias–, esta traducción se hará después de una o varias frases, por lo que este tipo de interpretación se utiliza, sobre todo, en visitas guiadas o en entrevistas. Asimismo, lo habitual es que el intérprete tome nota de lo que se ha dicho. Este tipo de interpretación es más adecuada en una entrevista a varias personas, ya que permite al hablante un pequeño margen de tiempo para meditar su pregunta o respuesta. Sin embargo, el inconveniente es su mayor duración.

> *Con el fin de facilitarle el trabajo a los intérpretes, se le deben entregar al intérprete con antelación los documentos sobre los que va a trabajar.*

- **La colocación de los intérpretes**

  Cuando se trata de reuniones en las que los participantes están sentados, los intérpretes se sientan justo al lado, por detrás o por delante de su cliente. En caso de una visita en la que se van desplazando, el intérprete camina justo al lado de su cliente. Sin embargo, cuando se trate de actos que requieran desplazamientos a otros lugares y en los que sea preciso utilizar el vehículo, hay dos soluciones: o bien el intérprete acompaña al anfitrión y a su invitado en el mismo vehículo —junto a ellos, o delante, junto al chófer—, o bien se desplaza en otro vehículo, aunque en este último caso es absolutamente necesario que llegue a destino antes que su cliente.

Por lo que respecta a las **traducciones oficiales**, solo tendrán validez jurídica las realizadas por los **traductores jurados** que son los únicos profesionales autorizados por el Estado español para realizar este tipo de traducciones. En España solo hay dos instituciones competentes para realizar traducciones oficiales al español de documentos en otras lenguas: por un lado, las misiones diplomáticas y los consulados españoles en el exterior y, por otro lado, la Oficina de Interpretación de Lenguas del Ministerio de Asuntos Exteriores, Unión Europea y Cooperación de España en Madrid.

3.7. Servicios especiales —sala de reuniones, fax, secretario, despachos, salas audiovisuales—

A la hora de organizar una reunión, tanto en España como en el extranjero, un elemento que contribuirá de manera decisiva a que esta sea eficaz consiste en tener en cuenta diferentes servicios tales como: la correcta elección de la **sala de reuniones** y de los medios **audiovisuales** necesarios, así como el alquiler de **despachos** adicionales cuando sea preciso.

Asimismo, en función de la importancia de la reunión, será preciso contar con la asistencia de un **secretario** que es la persona encargada, entre otros aspectos, de plasmar en un acta las intervenciones, datos, ideas y conclusiones que hayan surgido a lo largo de la reunión. Una vez realizado, enviará el borrador del acta al presidente para su revisión, aprobación y firma, y procederá a la distribución de una copia a todas las personas interesadas.

Respecto a **la sala de reuniones**, debemos tener en cuenta diferentes aspectos, entre otros: que el tamaño sea adecuado en función del número de asistentes, que no haya ruidos, que disponga de luz suficiente, que disponga de wifi y los medios tecnológicos necesarios para la realización de reuniones *online*.

Por otra parte, cuando la reunión se celebre fuera de nuestras instalaciones nuestra responsabilidad es acudir *in situ* a comprobar que cumple los requisitos solicitados. Ahora bien, en caso de celebrarse en otra ciudad o en el extranjero, nos ocuparemos de chequearlo con la persona encargada del alquiler de la sala, por lo que solicitaremos planos de diferentes salas y todos los detalles técnicos —dimensiones, capacidad, tomas de luz, etcétera—.

Listado de comprobación de salas
•   ¿Dispone de **luz** natural? Si no fuera así, la habitación deberá estar perfectamente iluminada con luz eléctrica.
•   Debe tener una **acústica** excelente y no debe haber ningún tipo de **ruidos** del exterior.
•   **Ubicación**: ¿se accede con facilidad, dispone de aparcamiento exterior, hay algún *parking* cercano?
•   ¿Dispone de facilidades para personas con **discapacidad**?
•   ¿Dispone de buena **ventilación** y **temperatura** ambiente: aire acondicionado, calefacción?
•   ¿Se pueden **apagar** todas las luces de la sala?
•   ¿Dispone de suficientes **tomas** de corriente?
•   ¿Cuenta con los **medios audiovisuales** e **informáticos** necesarios?
•   ¿Dispone de teléfono y/o **fax**?
•   ¿Cuenta con **salas adicionales** para reuniones privadas?

Una vez elegida la sala y en función de la reunión que se vaya a celebrar, el siguiente paso será la elección del tipo de **mesa** y **asientos**. Siguiendo criterios funcionales, las sillas han de ser confortables, y la mesa o mesas deben tener el tamaño adecuado para permitir la correcta **distribución** de los participantes, con el fin de que tengan una buena **visibilidad** —entre ellos y de la pantalla donde se vayan a realizar las presentaciones—.

Aparte de su habitual actividad de alojamiento, la mayoría de los hoteles están perfectamente equipados para poder celebrar en sus salas todo tipo de eventos.

Tal y como hemos comentado, otro de los factores que contribuyen a la mayor eficacia de una reunión es que la sala disponga de los medios audiovisuales necesarios, como ordenador, retroproyector, fax, cañón de luz, TV, vídeo, etcétera, y que disponga de suficientes tomas de corriente.

> Con el fin de dar un toque propio a las salas de reuniones, es fundamental colocar diferentes elementos de **imagen corporativa**.

3.8. Documentación y preparación de las jornadas de trabajo

Sin lugar a dudas, uno de los aspectos fundamentales cuando se organizan viajes de negocios consiste en organizar y planificar correctamente las jornadas de trabajo, lo que conlleva, entre otros, la preparación de toda la documentación necesaria para las personas que viajan. Los documentos se diseñan, imprimen y encuadernan de manera profesional con portada, índice y los anexos necesarios.

> El/la ejecutivo/a debe llevar siempre consigo una copia de toda la documentación en USB.

La documentación incluye todo el material necesario para la correcta realización de reuniones y actividades previstas a lo largo del viaje y se preparará en función del tipo de reunión o reuniones que se vayan a celebrar —dosieres, presentaciones, catálogos, folletos, tarjetas de visita, etcétera—. No obstante, a no ser que sea estrictamente necesario —por ejemplo, para la firma de un contrato—, los originales deben quedarse siempre en la oficina.

Respecto a la **preparación de las jornadas de trabajo** organizadas por nuestra empresa o institución, cabe reseñar que el primer paso para conseguir que las reuniones sean un éxito es planificarlas con la antelación adecuada, previendo todos los elementos necesarios: elección del local, impresión de folletos, preparación de medios audiovisuales, etcétera. Recordemos una serie de pautas que debemos observar y cumplir para conseguir una correcta planificación.

Lista de control de acciones para preparar una reunión
1. **Definición de los objetivos.**
2. **Elección de temas, orden y tiempo destinado a cada uno de ellos.**
3. **Elección de los participantes** (una vez elegidos y confirmada su asistencia, organizar la logística de los viajes —hoteles, medios de transporte, etcétera—).

4.	**Redacción y envío de la convocatoria.**
5.	**Selección del material de apoyo necesario** (dossieres, medios audiovisuales e informáticos, etcétera). Si se trata de reuniones a las que está prevista la asistencia de personas que hablen otros idiomas que no dominemos, será necesaria la contratación de **intérpretes**.
6.	**Elección del local** (sala: mesas, asientos, preparación de tarjetas de mesa, material de oficina necesario, decoración, etcétera).
7.	**Restauración:** reserva en restaurante o *catering*.
8.	**Selección de personal adicional.**
9.	**Obsequios.**

Ahora bien, cuando las jornadas de trabajo y reuniones se celebran en otra sede, debemos tener en cuenta los siguientes preparativos:

- Confirmar la asistencia a la empresa convocante.

- Anotar los datos —fecha, hora, lugar y motivo— en nuestra agenda y la del/de la jefe/a.

- Si es necesario realizar un viaje, preparar la pertinente hoja de autorización.

- En caso de que sea la primera vez que se trata con la empresa convocante, reuniremos la mayor información posible sobre ella: a través de su trayectoria, su página web, el organigrama, los informes económicos y sus principales proveedores y/o clientes, etcétera.

- Preparar un dosier que incluya toda la documentación necesaria para asistir debidamente preparado/a (en determinados casos también dispondremos información general sobre nuestra empresa: web, dosier, catálogos, etcétera).

- Averiguar quiénes serán los demás participantes.

- Preparar un plano de situación que contenga los datos concretos del lugar de reunión, con detalles sobre el modo de llegar y aparcamiento más cercano —en caso de que la empresa no disponga del mismo—.

3.9. La oficina móvil

La oficina móvil, también conocida como teletrabajo o *e-office*, se define como la «posibilidad de acceder a los recursos digitales de una empresa de forma ubicua, es decir, desde cualquier lugar, en cualquier momento y desde cualquier dispositivo». Esta modalidad de trabajo conlleva una serie de ventajas frente a la oficina tradicional, entre las que destacan las siguientes:

los empleados trabajan de una manera totalmente flexible, lo que redunda en una mayor satisfacción y, por tanto, mejora de la productividad de la empresa, un ahorro energético y de espacio, ahorro en dietas, reducción del tiempo de los desplazamientos, etcétera. Por el contrario, algunas de las desventajas que presenta serían, entre otras: problemas con la conexión, la falta de motivación o el aislamiento que podrían llegar a sentir algunos empleados/as.

3.10. La agenda de reuniones

Por último, es necesaria una buena organización de la agenda de reuniones a las que está previsto que acuda el/la jefe/a. Para ello, es fundamental hacerla con la suficiente antelación, así como coordinarse entre los diferentes asistentes de dirección de las personas involucradas –uno o varios, en función de la empresa–, con el fin de poder cuadrar todas las agendas. Cabe reseñar que, en caso de haber alguna modificación imprevista en el programa, se debe notificar inmediatamente al resto de las personas involucradas en él. Una vez definida la agenda de reuniones, debemos elaborar un resumen de todas las actividades previstas para el viaje y marcarlas en nuestra agenda electrónica y en la del/de la jefe/a. Dicha agenda contendrá, entre otros, los siguientes datos:

Datos de la agenda de reuniones
Fechas y horarios de salida.
Itinerarios del viaje de ida.
Hora prevista de llegada y medio de transporte dispuesto para llegar al hotel o a la reunión (si estuviese planeado servicio de *transfer,* hay que detallarlo aquí).
Nombre y datos del hotel (dirección, teléfono, *email*).
Relación de entrevistas, citas, reuniones, conferencias y visitas programadas.
Datos de las personas de contacto –nombre, dirección, *email,* teléfono de contacto–.
Asistencia a actos sociales –desayunos, almuerzos y cenas de trabajo; cocteles, recepciones, etcétera–.
Fecha y hora de regreso e itinerarios del viaje de vuelta.

- **La seguridad**

  Es un tema crucial cuando viajamos al extranjero, especialmente en aquellos destinos que son considerados de **riesgo,** por lo que a continuación se ofrece un listado de consejos que deben ser tenidos en cuenta en el momento de la planificación del viaje:

— En primer lugar, hay que seguir la recomendación del Ministerio de Asuntos Exteriores, Unión Europea y Cooperación, que insiste en la importancia de inscribirse en el *Registro de viajeros* cuando salimos al extranjero, lo que nos permite estar siempre localizados en caso de algún incidente.

— Es fundamental pasar desapercibido. Para ello, entre otros aspectos, intentaremos que el hotel no sea demasiado lujoso, no pagar con tarjetas de crédito tipo Visa Platino ni lucir joyas o complementos lujosos. Respecto al dinero, siempre hay que llevar encima la suficiente cantidad en pequeña moneda, especialmente para propinas y pequeños gastos.

— Solo pueden conocer en detalle los itinerarios del viaje el asistente de dirección, los socios, la familia y los compañeros de trabajo, por lo que el asistente tampoco ofrecerá esta información a ninguna persona que no esté incluida en la selección mencionada.

— Al viajar conocemos a muchas personas, pero ante desconocidos jamás se deben ofrecer datos personales como nombre, empresa o entidad para la que trabajamos, ni el cargo que ocupamos.

— Al reservar un hotel, intentaremos que disponga de línea exterior, de manera que no tenga que pasar por centralita. En todo caso, hay que tener cuidado con los temas que se tratan por teléfono.

— Con el fin de no ofrecer pistas a posibles extorsionadores, debemos cambiar habitualmente de hotel y restaurantes.

— Se debe prestar especial atención al pasaporte, ya que debido a su valor es objeto de numerosos robos.

Respecto a los **vehículos**, hay que tener en cuenta los siguientes consejos:

— La discreción es imprescindible, por lo que los coches no serán ostentosos.

— La matrícula será la local. Si en vez de un coche alquilado se utiliza un coche de empresa, este debe ser cambiado frecuentemente.

— Nunca se debe conducir con menos de medio depósito de gasolina. En marcha, hay que circular con las ventanillas subidas y las puertas bloqueadas.

— Por último, es fundamental conducir alerta respecto a lo que pasa a nuestro alrededor, pero no debemos detener el coche ni apearnos de este si nos encontramos con algún incidente en la calle o en la carretera.

AUTOEVALUACIÓN

3.1. Enumera los pasos que se suelen seguir en la organización de un viaje de negocios.

3.2. ¿Qué clases de billetes de avión existen?

3.3. ¿Qué es un cheque?

3.4. Enumera las diferentes formas de emitir un cheque.

3.5. ¿Por qué el pago anticipado supone un gran riesgo para el comprador?

3.6. ¿Qué tipo de interpretación es más adecuada en una entrevista?

3.7. Enumera cuatro aspectos necesarios a la hora de comprobar que una sala es adecuada para la celebración de una reunión.

3.8. A la hora de organizar una reunión, ¿qué elemento contribuirá de manera decisiva a que la reunión sea eficaz?

3.9. ¿Qué ventajas conlleva el teletrabajo?

3.10. Cuando se organiza una reunión a la que está previsto que acudan otras personas, ¿con quién debemos coordinarnos y por qué?

Indica si las siguientes afirmaciones son verdaderas o falsas

3.11. En España existe un sistema nacional genérico de clasificación de hoteles.

3.12. La pensión completa incluye desayuno, almuerzo y cena.

3.13. Por lo general, el uso de las tarjetas de crédito no conlleva ninguna comisión.

3.14. El valor de una moneda es siempre el mismo.

3.15. Existen dos modalidades de interpretación: la simultánea y la consecutiva.

3.16. Los traductores jurados son los únicos profesionales autorizados por el Estado español para realizar traducciones oficiales.

3.17. Las jornadas de trabajo se preparan un día antes.

3.18. Una desventaja de la oficina móvil es el elevado gasto de las dietas de los empleados.

3.19. Al viajar a otros países, es necesario inscribirse en el Registro de extranjeros.

3.20. La discreción es un requisito indispensable en el tema de la seguridad.

4. Documentación posterior al viaje

Introducción

Una vez finalizado el viaje, el asistente de dirección debe ocuparse de otra de sus responsabilidades: la de recopilar toda la documentación generada por su jefe/a y elaborar un informe final. Esta fase es muy importante, ya que permite a la empresa valorar la utilidad o el grado de aprovechamiento del viaje.

Contenido

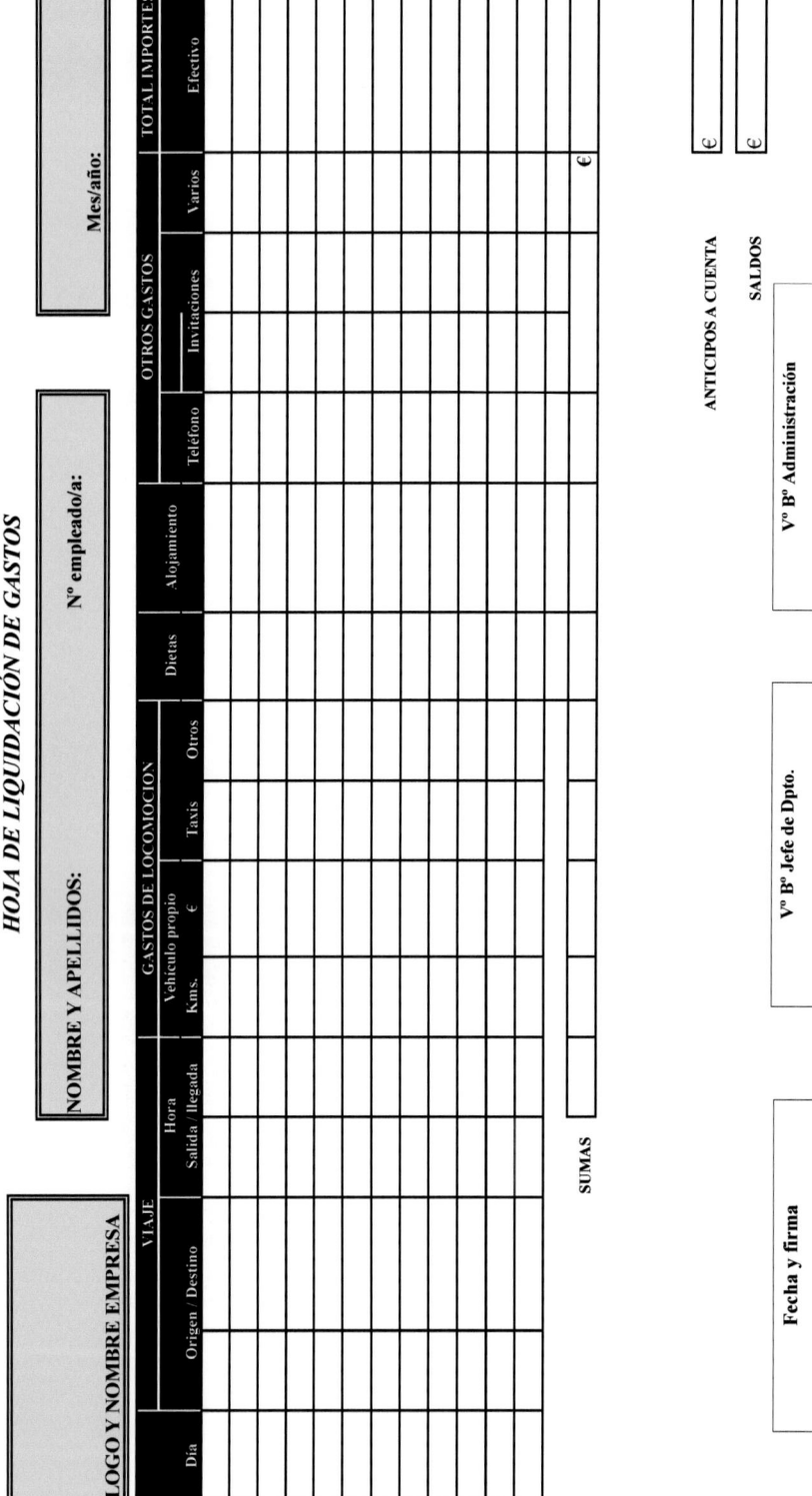

54

4.1. Informe económico

El informe económico incluirá el pertinente análisis económico, así como el grado de cumplimiento de los objetivos propuestos y las posibles incidencias. En dicho informe se adjunta el presupuesto inicial junto a la hoja de liquidación de gastos finales, ya que la comparación de estos documentos nos permitirá comprobar si ha habido errores en la previsión inicial. En la página izquierda se ofrece un ejemplo de hoja de liquidación de gastos.

4.2. Justificantes

La persona que ha realizado el viaje debe presentar un desglose pormenorizado de todos los gastos realizados, por lo que a la hora de proceder a su liquidación es necesario adjuntar todos y cada uno de los justificantes que se hayan expedido –tiques de taxis, comidas, cenas, autobuses, invitaciones a clientes, peajes, etcétera–.

El asistente de dirección se encarga de comprobar que no falta ninguno y una vez da su visto bueno (Vº Bº), prepara copia de los documentos –hoja de autorización de viaje y de liquidación de gastos– y los archiva, remitiendo los originales al departamento financiero. Dicho departamento comprueba que los gastos se hayan realizado conforme a las normas establecidas y autoriza y procede a la liquidación de los gastos al viajero.

4.3. Notas de entrega

Una **nota de entrega (o albarán)** es un documento expedido por el vendedor que acompaña a la entrega de la mercancía y que sirve como justificante que acredita que dicha mercancía ha sido entregada al destinatario. La nota de entrega no es un documento obligatorio en las operaciones de compraventa, pero su uso es muy frecuente y muy útil, puesto que sirve para justificar que la mercancía ha sido entregada al destinatario.

4.4. Albaranes

Los **albaranes** constan de tres copias cumplimentadas por la empresa suministradora: una, para la propia empresa; otra, que se entrega al cliente para que la firme una vez chequeada la mercancía pedida, y la tercera, que se archivará junto al pedido.

4.5. Facturas proforma

Una **factura** es el documento expedido por el vendedor mediante el que se acredita legalmente la operación de compraventa. Existen dos modalidades de facturas: la **factura proforma** –documento que resume las informaciones contenidas en una oferta– y la definitiva.

4.6. Facturas definitivas

Una vez que la oferta se materializa en un pedido o contrato, se expide la **factura definitiva**, siempre que no hayan variado los datos reflejados en la factura proforma. Los datos que contienen son: número de factura correlativo, datos completos de las partes –nombre o razón social, domicilio, número de identificación fiscal–, número de inscripción en el Registro Mercantil, lugar y fecha de emisión, descripción de la operación de compraventa o prestación de servicios y los datos para calcular la base imponible –cantidades, precio unitario, descuentos, gastos e importes–, tipo tributario de IVA, bases imponibles y cuotas resultantes, importe total de la factura y condiciones de venta –forma de envío y de pago–.

4.7. Seguimiento de acuerdos

Una responsabilidad básica de los ejecutivos y/o empleados que viajan por negocios es la de hacer un exhaustivo seguimiento de los acuerdos adoptados, con el fin de comprobar que se hayan alcanzado los objetivos previstos y que las acciones realizadas hayan sido las correctas. Además, esto les permitirá incrementar la eficiencia en su función directiva.

4.8. Evaluación y análisis de resultados

Una vez finalizado el viaje, se debe medir el rendimiento de este mediante la utilización de herramientas específicas. Por un lado, se deben contrastar los resultados alcanzados con los objetivos previstos inicialmente –contactos con los clientes, reuniones, acciones, acuerdos, etcétera– y, por otro lado, además del rendimiento económico, también se debe evaluar el nivel de satisfacción de los viajeros. Estas mediciones permiten a los encargados de la gestión de viajes mejorar y redefinir, siempre y cuando fuese necesario, su programa de viajes.

> Con el fin de que el seguimiento y la evaluación sean eficaces, es necesario establecer durante la fase previa de preparación un listado de indicadores cualitativos y cuantitativos. Estos permitirán comprobar el grado de cumplimiento de los objetivos iniciales, así como solventar posibles incidencias surgidas durante el proceso.

4.9. Archivo

Cuando el asistente de dirección haya recopilado y comprobado la documentación entregada por el viajero, se encargará de archivar una copia de la hoja de liquidación junto a los justificantes escaneados y de entregar los originales al departamento de administración para su posterior liquidación y archivo.

4.10. Estudios de optimización, realización y temporalización de viajes nacionales e internacionales

La asociación GEBTA —Guide of European Business Travel Agents— define las *políticas de viajes* como el «conjunto de reglas escritas y distribuidas a los trabajadores de la empresa que tienen por objeto permitir a las corporaciones controlar los gastos en viajes y en la organización de eventos, sin comprometer la calidad del desplazamiento de los viajeros ni la consecución de los objetivos». Por ello, con el fin de realizar los estudios pertinentes de optimización, realización y temporalización de viajes de negocios nacionales e internacionales en la empresa, es fundamental **consolidar la implantación de una política de viajes**, que puede redundar en un importante ahorro para la empresa, en función de su volumen de viajes. Con este fin, la mayoría de las empresas deberían analizar los motivos de la realización de los viajes de negocios, así como el retorno sobre la inversión realizada.

Los beneficios más destacados de la implantación de una política de viajes en la empresa son los siguientes:

- Ahorro de tiempo, gracias a la optimización de los procesos de gestión interna de solicitudes de viajes.

- Mejora de los servicios ofrecidos a los viajeros tanto en oferta como en calidad.

- Optimización de los gastos de medios de transporte aéreos. Hay que recordar que los gastos más elevados corresponden a los vuelos, por lo que si se quieren conseguir precios más económicos, es preciso reservar con antelación y utilizar tarifas restrictivas.

- Gestionar de manera eficaz el gasto en hoteles. Este gasto representa una media de un 30 y un 50 % del presupuesto destinado a los viajes, por lo que su optimización conllevará, aparte del pertinente ahorro económico, también la mejora del confort de los viajeros.

- Optimización de los gastos de medios de transporte terrestres. Aunque no sea un dato muy extendido, los gastos en medios de transporte terrestre —coches con conductor, taxis, alquiler de coches y tren—, suponen aproximadamente entre un 10 y un 15 % del presupuesto total de los viajes. Por ello, se debe hacer un profundo análisis de estos y proceder, entre otras acciones, a mejorar las condiciones en la negociación con los proveedores.

- Unificar la gestión de reuniones y eventos con el programa de viajes, lo que conlleva una mejora y el número de servicios que se ofrecen al viajero.

Aparte del impacto económico, algunas empresas han decidido poner en marcha programas de responsabilidad social corporativa para el cuidado del medio ambiente, como por ejemplo, la elaboración y análisis de informes de emisiones de CO_2 de los distintos medios de transporte en el momento de hacer la reserva.

AUTOEVALUACIÓN

4.1. ¿Qué debe hacer el asistente de dirección cuando recopila la documentación entregada por el viajero?

4.2. ¿Qué diferencias hay entre una factura proforma y una factura definitiva?

4.3. ¿Cuáles son los datos del destinatario que deben aparecer en una factura?

4.4. ¿Cómo define las políticas de viajes la asociación GEBTA?

4.5. Cita tres beneficios de la implantación de una política de viajes en la empresa.

5. Protocolo nacional e internacional y usos sociales

Introducción

Con el fin de no caer en los *faux pas* de la etiqueta, los ejecutivos/as deben conocer y dominar las reglas básicas de cortesía y usos sociales más extendidos en el extranjero, especialmente los de aquellos países a los que se desplazan con frecuencia o con los que tienen un mayor contacto. Ahora bien, el asistente de dirección también debe conocerlos, ya que otro de sus cometidos será el de asesorar a su jefe/a antes de viajar al extranjero y entrar en contacto con otras culturas.

El conocimiento de las reglas de cortesía de otros países y culturas supondrá un importante esfuerzo, pero este se verá recompensado en los resultados profesionales y personales, puesto que esta adaptación a los países que visitan será muy bien recibida por sus anfitriones. Para ello, hay que aplicar el protocolo social, entendido como el conjunto de pautas que permiten saber estar y actuar con corrección en cualquier circunstancia y ante cualquier persona y que engloba pautas de cortesía como la puntualidad, la buena apariencia, el cuidado del lenguaje corporal, etcétera.

> *El conocimiento de **la etiqueta en los negocios** nos permitirá ofrecer una excelente imagen tanto de nuestra profesionalidad como de la institución a la que representamos y, en buena medida, de nuestro país.*

Contenido

5.1. Invitaciones en España y en el extranjero

Una **invitación** es un escrito mediante el que un anfitrión/a –persona, empresa, institución– invita a alguien a un evento, independientemente del tipo que sea. Un asistente de dirección tiene la obligación de dominar la elaboración de invitaciones entre cuyas responsabilidades figuran: el cuidado de la estética, la redacción, la selección del papel más adecuado según la ocasión y/o los plazos de envío. Asimismo, también debe dominar las técnicas de maquetación de los diferentes tipos de invitaciones y disponer de un amplio fichero de plantillas y modelos de diferentes tipos. Respecto al plazo de envío, se hará entre quince días y un mes de antelación, aunque en caso de una invitación oficial importante se debe hacer con un mes o mes y medio de antelación, con el fin de que los invitados puedan cuadrar bien sus agendas. En cualquier caso, las invitaciones nunca deben ser enviadas con menos de una semana de antelación.

> *Los **sobres** que se utilizan para las invitaciones deben ser acordes con el formato, la calidad y el color del papel escogido.*

Una **buena selección de invitados** es un elemento clave para el éxito de un evento. Con este fin, se debe elaborar un listado preliminar que incluya, por un lado, una lista de las personas que nos interesa que acudan y, por otro, una lista de *recambio* de aquellas personas que podrían cubrir la no asistencia de las primeras. Tras el envío de invitaciones se hace el seguimiento y se obtienen las confirmaciones de asistencia, lo que nos facilitará el **listado definitivo de invitados.**

- Tipos de invitaciones

  Aunque existen diferentes formatos de invitaciones las más utilizadas son el **saluda**, la **invitación por carta** y el **tarjetón de invitación.**

  — **Saluda**: se trata de una invitación de carácter ceremonioso y de más cumplido que el tarjetón, por lo que se utiliza habitualmente tanto en la Administración como en eventos de altos cargos de instituciones, grandes empresas, etcétera. Su formato es de cuartilla y se redacta en tercera persona.

  — **Invitación por carta**: se trata de un documento más personal que el saluda y, por lo tanto, el formato más adecuado cuando se invita a personalidades relevantes o a autoridades. Con el fin de darle un tono personalizado, deben escribirse a mano tanto la salutación como la despedida.

La Presidenta
del
X Congreso Nacional de X

Saluda

Al Ilmo. Sr. D..........

Alcalde del Ayuntamiento de (localidad),

y tiene el honor de invitarle al acto de inauguración del Congreso, que

tendrá lugar el día... de (mes) de (año), a las 09:30 horas en el

(Palacio de Congresos) (X) de esta ciudad.

(Nombre y apellidos)
aprovecha la ocasión para reiterarle el testimonio de su consideración
más distinguida.

(Localidad), el (día) de (mes) de (año)

Ejemplo de saluda de invitación a una autoridad.

(logo y nombre empresa)

(Localidad), el (día) de (mes) de (año)

Excma. Sra. Dña. (nombre y apellidos)
Presidenta de la Comunidad Autónoma de (especificar)

Muy Sra. Mía:

El próximo día (…) a las ... horas, tendrá lugar la inauguración del (Hotel) (X) de (localidad), que se incorpora a nuestro portafolio, reforzando así la presencia de nuestra cadena en la región (X).

Tengo el gusto de invitarla a dicho acto, expresándole mi sincero deseo de poder contar con su asistencia.

Aprovecho la ocasión para enviarle mi más cordial saludo.

Atentamente,

(Firma manuscrita)
(Nombre y apellidos)
Presidente del
Consejo de Administración

Ejemplo de invitación a una autoridad por carta.

— **Tarjetón:** se trata del formato de invitación más utilizado en las relaciones sociales. La cartulina ha de ser gruesa y de buena calidad, siendo el formato más habitual el de 13,5 cm × 10 cm. Asimismo, cuando se trate de una empresa u organismo relevante, su logo se imprimirá en relieve blanco o dorado. Consta de un texto breve indicando los datos del acto al que se invita y también permite imprimir en el reverso del tarjetón un plano de situación o información adicional que el anfitrión considere relevante comunicar. Por lo general, en los tarjetones de invitación se incluye la fórmula S. R. C. –se ruega contestación (viene del francés *R. S. V. P.*). Es muy importante utilizarla, ya que nos ayudará a elaborar la lista definitiva de invitados.

El Presidente del Consejo de Administración de (empresa)

se complace en invitarle a la inauguración
del Restaurante (nombre),
sito en la calle (dirección y localidad)
que tendrá lugar el próximo
día a las .... horas.

SRC
Tel. xxxxxx   Valencia, el *(día)* de *(mes)*

Modelo de invitación general mediante tarjetón.

> *Cuando se celebre un almuerzo o cena en honor de una personalidad, se hará constar en la invitación plasmando el nombre del invitado de honor, mediante las fórmulas: Para presentar a..., En honor de...*

- **Abreviaturas en los tarjetones de invitación**

  El asistente de dirección debe dominar la utilización de las abreviaturas que figuran al pie de las invitaciones, ya que forman parte del lenguaje protocolario de la correspondencia. Cabe destacar que si bien el francés es el idioma tradicional, se ha ido imponiendo paulatinamente el uso de las iniciales en el propio idioma.

  — S. R. C., se ruega contestación –del francés *R. S. V. P.*, *répondez s'il vous plaît*–. Figura en la parte inferior izquierda o derecha de la invitación y suele utilizarse en la organización de banquetes sentados, con el fin de conocer el número total de comensales. Sin embargo, cada vez es más habitual emplearlo en las invitaciones a cócteles y recepciones. No obstante, cuando se trate de eventos en los que se prevé una elevada afluencia de invitados se tachará directamente el S. R. C. y no se escribirá nada al lado. De hecho, en diferentes países de lengua inglesa se tacha el *R. S. V. P.* y se escribe *Regrets Only,* con el fin de que llamen únicamente aquellos invitados que no puedan asistir.

— P. R., para recordar —*P. M., pour mémoire,* en francés—, o C. R., como recordatorio. Se suele escribir a mano, encima o al lado del S. R. C. que se tachará con una raya. Con el fin de que este recordatorio sea útil, se debe llamar previamente al invitado para que confirme su asistencia, y de hacerlo, a continuación se le enviará el nuevo tarjetón.

• **Etiqueta en las invitaciones**

El término etiqueta alude al tipo de vestimenta que se debe llevar cuando se asiste a eventos de cierta importancia. En los tarjetones de invitación se hace constar en la esquina inferior izquierda o derecha la etiqueta requerida mediante las fórmulas: *traje oscuro, esmoquin, frac o uniforme de gala y/o chaqué.* A continuación figuran los trajes de máxima etiqueta en España, así como su equivalencia para los trajes de las señoras.

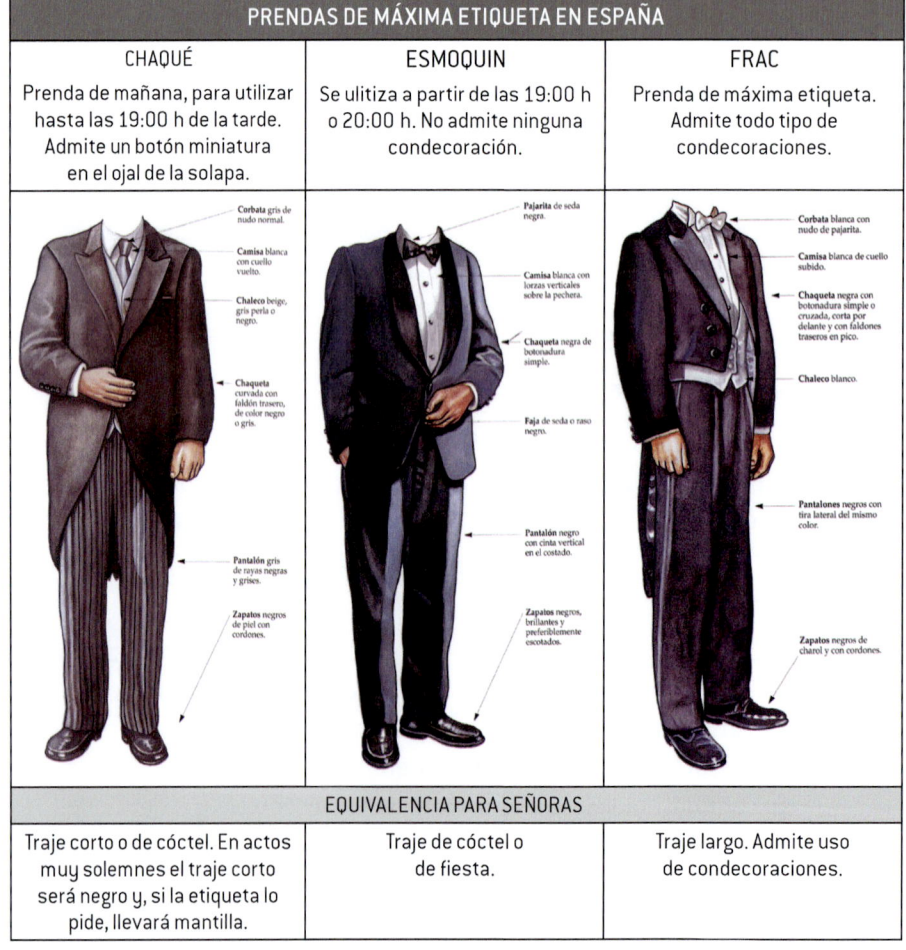

PRENDAS DE MÁXIMA ETIQUETA EN ESPAÑA		
CHAQUÉ	ESMOQUIN	FRAC
Prenda de mañana, para utilizar hasta las 19:00 h de la tarde. Admite un botón miniatura en el ojal de la solapa.	Se ulitiza a partir de las 19:00 h o 20:00 h. No admite ninguna condecoración.	Prenda de máxima etiqueta. Admite todo tipo de condecoraciones.
EQUIVALENCIA PARA SEÑORAS		
Traje corto o de cóctel. En actos muy solemnes el traje corto será negro y, si la etiqueta lo pide, llevará mantilla.	Traje de cóctel o de fiesta.	Traje largo. Admite uso de condecoraciones.

EQUIVALENCIA DE ETIQUETA EN OTROS PAÍSES		
ESPAÑA	BRAN BRETAÑA Y EE. UU.	FRANCIA
Esmoquin	*Black tie/dinner jacket*	*Smoking o cravate noire*
Frac		*Habit*
Chaqué	*Morning coat/cutaway*	*Jacquette*

> *Con el fin de evitar un faux pas en la etiqueta cuando tengamos previsto acudir a un evento en otro país y no sepamos con certeza cómo debemos vestirnos, lo recomendable es llamar al anfitrión y preguntárselo.*

5.1.1. Invitaciones en el extranjero

Cuando se trata de eventos a los que se invitan a personas de diferentes países, las invitaciones se realizan, por lo general, en inglés o francés. No obstante, el tamaño de los tarjetones, al igual que en España, suele ser de 13,5 × 10 cm. Con el fin de conocer diferentes fórmulas estándar de invitación a matrimonios y/o parejas, a continuación figuran varios ejemplos de tarjetones de invitación en inglés y francés.

• **Plantillas de invitación en inglés**

> *Mr. and Mrs. (apellido)*
>
> *Request the pleasure of the company of.......... at* [1] *............ on (día semana)......*
> *at...... (hora) p.m.*
>
> *R. S. V. P.*
> *(Tel.)*
> *(Dirección)*

— **Confirmación de asistencia**

> *Mr. and Mrs. ....*
>
> *Thank .... for their kind invitation to* [1] *............ on (día semana)......*
> *and they have treat pleasure in accepting.*
>
> *(Fecha)*

[1] Tipo de evento: *cocktail, lunch, dinner.*

— Declinación de asistencia

> Mr. and Mrs. ....
>
> Thank............... for their kind invitation to [1]............ on (día semana)...........
> but greately regret that they are unable to accept since owing to............
>
> (Fecha)

[1] Tipo de evento: *cocktail, lunch, dinner.*

- ## Plantillas de invitación en francés

> M. et Mme. (apellido)
>
> Prient .... de leur faire l'honneur de venir au [1]............
> qu'ils offriront à l'occasion de...... le (día semana)............. à (hora)......... heures.
>
> (Dirección)
>
>   R.S.V.P.
>
> Tlp.

— Confirmación de asistencia

> M. et Mme. (apellido)
>
> Remercient M. et Mme .... de leur aimable invitation à [1]............
> pour le (día y fecha) à............ heures et ils auront l'honneur de s'y rendre.

— Declinación de asistencia

> M. et Mme. (apellido)
>
> Remercient........... de leur aimable invitation à [1]........... pour le (día y fecha)
> à............ heures.
>
> Ils regrettent de ne pouvoir s'y rendre(motivo).

[1] Tipo de evento: *réception, déjeuner, dîner.*

5.2. Forma y contestación de las invitaciones

Una norma fundamental de cortesía es la de contestar las invitaciones inmediatamente tras su recepción y como máximo en 48 horas, especialmente cuando se trate de una invitación a un almuerzo o cena sentados, puesto que en caso de declinar la asistencia, el anfitrión tendrá margen de tiempo suficiente para encontrar un sustituto. Sin embargo, cuando se trate de recepciones importantes, aunque no se pida confirmación de asistencia, lo recomendable es que el invitado se excuse personalmente por no poder asistir. En este caso, sería correcto que preguntase si sería posible que acudiese en representación suya otra persona de la empresa o institución a la que pertenece.

En el mundo empresarial la forma de contestación a una invitación se hace a la secretaría pertinente, por lo que bajo el S. R. C. figura el teléfono y/o *email* de la persona que se dedique a este menester. Además, este mismo tarjetón con S. R. C. tachado con un trazo y con las abreviaturas P. R., P. C. o P. M. escritas a mano, también se utiliza cuando se trata de invitaciones hechas por teléfono y ya están confirmadas. De este modo, los anfitriones, a la vez que recuerdan la celebración del evento, concretan el día, la hora, dirección y la etiqueta requerida. En caso de no poder asistir a un evento, la respuesta debe ser clara y concisa, y se debe expresar el pesar por la no asistencia.

- Iniciales en las tarjetas de visita

  Otro aspecto importante para el asistente de dirección y el/la ejecutivo/a consiste en conocer el significado de las iniciales en las tarjetas de visita, que también se escriben en francés. Estas se anotan en la parte superior y son muy útiles especialmente en reuniones de negocios, aunque también se utilizan para otros motivos tales como: agradecer un regalo, acompañar un ramo de flores, etcétera. Las abreviaturas corresponden a las siguientes expresiones:

P. R.	*Pour remercier* (para agradecer o dar las gracias).
P. F.	*Pour fêter* o *pour féliciter* (para felicitar).
P. F. N. A.	*Pour féliciter a l'occasion du Nouvel An* (para felicitar el Año Nuevo).
P. P. C.	*Pour prendre congé* (para despedirse).
P. C.	*Pour condoléances* (para dar el pésame).
P. P.	*Pour présentation* (para presentarse).

5.3. Obligaciones con los visitantes

Una de las responsabilidades básicas de un asistente de dirección es la de recibir y atender a las visitas que acuden a nuestras instalaciones u oficinas debiendo demostrar en todo momento una gran profesionalidad tanto en el trato como en la apariencia.

- En primer lugar, debemos saber que una buena planificación –efectuada con suficiente antelación y teniendo en cuenta todos los aspectos organizativos necesarios–, contribuirá a que la visita sea un éxito y el/la invitado/a se lleve una impresión inmejorable de nuestra empresa. En estos momentos previos de la confección del programa, se debe colaborar con el asistente de dirección del visitante, con el fin de que esté informado de los principales puntos del programa y, así, coordinarlos conjuntamente. En este punto, también sería adecuado ofrecer información de la vestimenta adecuada, especialmente si se ha previsto un programa social con diferentes actividades propuestas –por ejemplo, en el caso de tener programada una excursión, se le debe notificar con antelación, para que prepare el calzado o vestimenta más adecuados al clima y al lugar que se vaya a visitar–.

Pautas que debemos seguir en la recepción de las visitas

- La puntualidad es una de las reglas elementales de urbanidad, por lo que nunca debemos hacer esperar a los visitantes.

- Cuando nos avisan de recepción o conserjería de la llegada, debemos comunicarlo inmediatamente al/a la jefe/a y acudiremos a recibirlas a la sala de espera o recepción. Asimismo, desde recepción deben comunicarnos si ha habido algún cambio —por ejemplo, si acude otra persona que no estaba prevista—, en cuyo caso anotaremos su nombre y apellidos para dirigirnos a esta persona de la manera correcta.

- Una vez que la persona llega a nuestra sede, saldremos a recibirla a recepción, o bien a la sala de espera. En cualquier caso, no debemos permitir nunca que nadie acceda directamente al despacho del/de la jefe/a, a no ser por orden expresa suya.

- Debemos dirigirnos a la persona por su apellido, por ejemplo: «Buenas tardes, Sra. Martínez. ¿Me acompaña, por favor?» Una vez hecho el recibimiento, la acompañaremos hasta la puerta del despacho.

- Conviene recordar que existen también las siguientes normas de precedencias en los pasillos:

  — Cuando una persona acompaña a otra caminando, debe cederle su derecha, siempre y cuando sea de rango superior o se trate de una señora.

— Cuando tres personas van caminando juntas, el puesto de preferencia es el del centro; el segundo a su derecha y el tercero, a su izquierda, tal y como se indica a continuación: **2 1 3**

— Al llegar a una puerta, se abrirá, si estuviese cerrada y se permitirá el paso en primer lugar a la persona de rango mayor y/o a la señora. A la entrada, el/la anfitrión/a recibe a las visitas, las invita a tomar asiento y él/ella lo hará en último lugar.

• En caso de que nosotros no podamos acompañar a las visitas y lo haga alguno de nuestros compañeros, debemos asegurarnos de que conocen bien las reglas de cortesía habituales, con el fin de que se sientan seguros en esta tarea y proyecten de manera correcta nuestra imagen corporativa.

• Cuando se trata de **visitas imprevistas**, siempre debemos contar con la autorización del/de la jefe/a para recibirlas. En caso de visitas inesperadas que no son de índole personal, debemos filtrarlas siguiendo las mismas pautas que al teléfono, es decir: averiguando el nombre, apellidos y cargo de la persona, empresa en la que trabaja y el motivo de la visita, para lo que se recomienda pedirle su tarjeta de visita. Una vez obtenidos estos datos, los comunicaremos a nuestro/a jefe/a, quien decidirá si la atiende o no, o si decide posponer la visita para otro día, en cuyo caso fijaremos la visita en nuestra agenda.

Visitas que acuden de otra ciudad o del extranjero

Cuando recibimos a visitantes que vienen de otra ciudad o del extranjero, debemos prestarles atenciones aún más personalizadas. Para ello, nos esmeraremos por ofrecer los mejores agasajos: escoger buenos restaurantes y hoteles, seleccionar los regalos pensando en sus gustos personales, etcétera. Asimismo, cuando se trate de personas extranjeras, hay que tener en cuenta los usos sociales propios de su país para no cometer errores, sobre todo en lo referente a normas de cortesía, presentaciones, menús, bebidas, regalos, etcétera.

• Si el visitante llega al aeropuerto o estación de tren, tendremos previsto un servicio de *transfer* o enviaremos a un empleado con coche de empresa a recogerlo en persona; a ser posible, una de las personas que esté involucrada en la visita. Por supuesto, en caso de visitas de altos cargos, será el anfitrión el encargado de acudir a recibirle, quien irá acompañado por su esposa o pareja, si el visitante acudiese con la suya. Si en vez de la esposa o pareja el visitante acudiese con su asistente de dirección, entonces sería el asistente del anfitrión quien lo acompañase a recibirlos.

- A su llegada, y una vez hechas las presentaciones pertinentes, se le hará entrega de un pequeño dosier donde figuren los teléfonos de nuestra empresa, así como diferentes planos de ubicación. Asimismo, haremos entrega del programa definitivo –profesional y social– de su estancia.

- Una vez que llega a destino, una persona de la empresa se encargará del equipaje, llevándolo al hotel reservado.

- A su llegada –siempre y cuando no hubiese alguna reunión urgente prevista o el propio visitante así lo requiriese–, hay que dejarle tiempo libre.

- Si el visitante va a pasar la noche en la ciudad, en el hotel dejaremos una carpeta con información variada: turística, museos, tiendas, restaurantes, plano de ciudad, etcétera, junto con una cesta de frutas y siempre con una nota manuscrita del/de la jefe/a dándole la bienvenida. Si acude con su esposa o pareja, entonces encargaremos un ramo de flores para ella acompañado por la tarjeta del anfitrión/a.

- En el desarrollo del programa social –cena, espectáculo, visita a algún museo, etcétera–, siempre estará acompañado por el anfitrión, por uno de los superiores o por un/os compañero/s de trabajo relacionados con la visita.

- Respecto al programa del acompañante, intentaremos recabar la información necesaria, con el fin de hacerlo a su medida, teniendo en cuenta sus gustos, aficiones, posibles alergias, etcétera. En estos casos, su acompañante será la esposa del anfitrión, o bien la mujer de la empresa anfitriona que mejor pueda desempeñar este papel.

- Si la pareja del visitante habla otro idioma, debemos contratar una azafata-guía para que la acompañe durante su estancia.

- Dado que en España no es frecuente invitar al propio domicilio, la manera más habitual de agasajar en los negocios consiste en invitar a almorzar y cenar a un restaurante de gran calidad al que acude habitualmente el anfitrión/a.

- Si la visita dura varios días, lo recomendable es poner a su completa disposición un vehículo con chófer.

- Si ofrecemos una recepción en honor del visitante, debemos invitar a las personas que pudieran interesarle, y su orden de precedencia será inmediatamente a continuación del anfitrión.

- Antes de la partida, se le hará entrega de un regalo corporativo.

- El día de la partida del visitante nos encargaremos de comprobar que los horarios de salida del medio de transporte pertinente no hayan sufrido ninguna modificación. Además, la misma persona que lo haya estado acompañando durante su estancia deberá llevarlo al aeropuerto para despedirlo, tal y como hizo a su llegada.

- Por último, elaboraremos un dosier de la visita y se lo haremos llegar, especialmente si por su relevancia, hubiese aparecido en los medios y/o en las redes sociales.

5.4. Protocolo y comunicación en países de religión musulmana

En el mundo musulmán toda su actividad gira en torno a la religión, el islam, hasta el punto de que este es el que determina, entre otros aspectos, las pautas, normas y comportamiento que deben seguir sus fieles. La familia, formada por patriarcados, es uno de los pilares de la sociedad musulmana en los que por encima de todo existe un profundo respeto a la figura de los padres y las personas mayores. Así pues, el islamismo rige las vidas de los musulmanes que siguen fielmente la obligación de orar cinco veces al día mirando hacia la Meca. Por otra parte, los preceptos del Ramadán les obligan al ayuno –que dura hasta la puesta de sol–, pudiendo tomar alimentos desde ese momento hasta el amanecer. Su religión les prohíbe, además, comer cerdo y beber alcohol.

Particularidades

Desviar la mirada es algo habitual entre ellos, por lo que no debemos interpretarlo como un rechazo o que nos están ignorando. Entre hombres, la forma habitual de saludo se realiza estrechándose la mano y, para mayor elogio, tras el saludo se llevan la mano derecha al corazón. No obstante, el saludo considerado «perfecto» por Mahoma indica que se realiza levantando el brazo derecho a la vez que se pronuncia *alsalamo alaikum* –la paz esté con vosotros–. El beso como forma de saludo jamás se da entre hombres y mujeres. Para saludarlas a ellas, siempre y cuando ellas así lo indiquen, lo adecuado es el apretón de manos.

Respecto al **lenguaje no verbal**, consideran una falta de respeto señalarlos con la punta del pie, por lo que al sentarse no se deben cruzar las piernas. Si se les hace entrega de un regalo, será con gran discreción. No es correcto hacer regalos a las mujeres, pero sí a los hijos. No suelen mostrar agradecimiento por los regalos recibidos, por lo que no lo tomaremos como muestra de desagrado. Por otra parte, a no ser que exista una relación muy estrecha, evitaremos preguntarles por su vida privada. Respecto a su estilo de negociación, debido a la importancia que conceden al conocimiento mutuo, destacan por la familiaridad que se establece desde el principio de la misma. Sin embargo, su punto débil es su autoestima, por lo que no debemos rechazar directamente ninguna petición y haremos elogios y muestras de aprecio que son muy bien acogidas. Asimismo, y al igual que la cultura japonesa, para ellos es muy importante a construir relaciones personales y profesionales a largo plazo, por lo que es necesario tomarse su tiempo antes de cerrar cualquier negocio o asunto tratado.

La generosidad es uno de los rasgos más destacados, así que no rechazaremos lo que nos ofrezcan —lo toman como un desprecio— y seremos recíprocos. Además, son especialmente generosos en los agasajos en las comidas y es una muestra de educación y respeto a su cultura el probar todos los platos que nos ofrezcan.

5.5. Protocolo y comunicación en países de Hispanoamérica

Compartir un idioma común, el español, es un motivo determinante a la hora de decantarse por un país para hacer negocios. Ahora bien, hay que prestar especial atención a algunos giros y expresiones idiomáticas, ya que tienen diferentes significados dependiendo del país y en algunos son groseras y malsonantes. Los hispanoamericanos son personas muy educadas, extrovertidas y naturales que siempre saludan al llegar a un sitio o marcharse. La manera habitual de saludar es estrechando la mano o con una palmada en la espalda y lo hacen varias veces al día, pues son muy cercanos. Asimismo, la distancia personal es menor, por lo que no debemos sorprendernos ni echarnos hacia atrás, pues podrían considerarlo como una auténtica descortesía. Respecto a los brindis, debemos esperar a que sea el anfitrión el que lo haga en primer lugar; en caso contrario, nos abstendremos de iniciarlo nosotros. Por lo general, las reuniones en estos países duran varias horas.

- **México**

  En México el ritmo de la negociación es lento y les gusta basar sus relaciones comerciales a largo plazo, por lo que las relaciones personales son fundamentales. Así, aunque a ellos no les agrada demasiado hablar de su vida privada, les gusta preguntar acerca de temas personales, la familia, sus gustos, etcétera. Conceden mucha importancia a los títulos como *licenciado* o *doctor,* por lo que si tienen alguno, debemos utilizarlo al dirigirnos a ellos, especialmente en la correspondencia escrita.

- **Argentina**

  Dan mucho valor a las personas y a las relaciones que se establecen entre ellas, por lo que no debe extrañarnos si, tras las presentaciones, comienzan preguntando por aspectos como los gustos personales o la familia. Las negociaciones suelen ser relajadas y tranquilas, por lo que no deben darse muestras de enfado o impaciencia ni tampoco presionar, ya que es algo que detestan.

- **Chile**

  Para los chilenos también son muy importantes las relaciones personales y le conceden mucha relevancia a la jerarquía. Las tarjetas de visita, una vez recibidas, han de ser leídas con detenimiento y se guardan en un tarjetero o en una carpeta, pero nunca en el bolsillo. Aun teniendo muy buenas maneras, les gustan las tácticas de negociación agresivas y no se deben ofrecer regalos caros o compensaciones de índole personal, pues podrían sentirse sobornados, algo que es delito en el país. Los chilenos son más formales que en otros países de América Latina y hay que dirigirse a las personas por *don* y *doña*, al contrario que en otros países, donde se debe hacer por su título.

5.6. Protocolo y comunicación con diferentes países

- **China**

  En la sociedad china, la familia es la base de la sociedad. Respecto a los usos sociales, a las personas chinas no les agrada el contacto personal —aunque cada vez es más habitual el saludo mediante el apretón de manos—, por lo que, cuando son presentados, una ligera inclinación y una sonrisa serán suficientes para responder al saludo. Tras la presentación hay que dirigirse a ellos empleando su apellido seguido del sufijo *shián-shén* (señor) o *nu-shén* (señora). Por lo que respecta al estilo de **negociación**, la paciencia es un requisito indispensable, ya que los chinos también dedican mucho tiempo a fomentar las relaciones personales. Asimismo, dan una gran importancia a valores como la lealtad, la honorabilidad y la sinceridad, teniendo muy en cuenta el estatus y la opinión de las personas mayores. En función de la importancia de sus invitados, llegan a agasajar con comidas compuestas por hasta veinticinco platos diferentes, que tendremos que probar con el fin de no parecer descorteses.

- **Japón**

  Para los japoneses los modales son realmente importantes, por lo que debemos extremar al máximo la exquisitez en el trato. El modo correcto de saludo no es estrechando la mano, sino mediante una inclinación prolongada y profunda. Además, consideran ofensivo mirarlos a los ojos, por lo que se recomienda bajar la mirada, lo que es interpretado como gesto de modestia. Por otra parte, debemos esforzarnos en pronunciar del modo más correcto posible el nombre del interlocutor y nos dirigiremos a ellos utilizando su apellido seguido del tratamiento honorífico *san* —señor/señora—. El ceremonial de la entrega de tarjetas es muy importante: se entrega sosteniéndola con las dos manos y lo recomendable es escribir el nombre en español o inglés y por la otra cara, en japonés. Asimismo, al recibirlas debemos leerlas con atención, pues guardarlas inmediatamente es considerada una auténtica grosería, así como escribir algo en ellas o doblarlas.

Por lo que respecta a la **negociación**, hay que recordar la relevancia que otorgan al estatus y la fuerte jerarquización de su cultura empresarial. Conceden una gran importancia a las relaciones personales y la conversación; al igual que en China, su estilo de negociación se basa en establecer y fomentar relaciones a largo plazo, por lo que la paciencia es una virtud necesaria. La negociación conlleva diferentes pasos que son imprescindibles para establecer una relación duradera y armónica: una cálida acogida, la entrega de un regalo de bienvenida —con su correspondiente ceremonial— y el saludo formal. Tal y como hemos comentado, las maneras son extremadamente importantes en su sociedad por lo que, a la hora de negociar, jamás debemos ser directos ni decir «no»; en su lugar, utilizaremos expresiones y gestos sutiles. Por otra parte, la cultura de negociación japonesa impide la improvisación, por lo que solamente se tratarán asuntos que estén previstos de antemano en la agenda.

- **Estados Unidos**

  A modo de saludo, los norteamericanos no acostumbran a estrecharse la mano con tanta frecuencia como los europeos. Para dirigirse a ellos por primera vez hay que utilizar el tratamiento *Mrs., Mr.* o el título, si lo conocemos, seguido del apellido, aunque por lo general los americanos insisten en usar el primer nombre prácticamente de manera inmediata. En los negocios son muy competitivos y la puntualidad es fundamental. Asimismo, el estilo de negociación en el país está basado en valores de su cultura como el individualismo o la independencia. Las reuniones son muy rápidas, porque consideran que *el tiempo es oro*.

- **Australia**

  Los australianos son personas cordiales y sencillas lo que también se refleja en la vestimenta, más informal que en otros países. La manera correcta de presentarse es dando el nombre completo y estrechando la mano con fuerza. Las comidas de negocios se suelen celebrar en restaurantes, y en negociaciones internacionales la entrega de regalos se considera inadecuada.

- **Canadá**

En Canadá hay dos idiomas oficiales, el francés y el inglés. Los canadienses son personas formales y conservadoras en materias de negocios. Su manera habitual de saludo es el apretón de manos, y los agasajos de negocios suelen tener lugar en restaurantes.

Aunque el apretón de manos sea la forma más habitual de saludo en el mundo de los negocios, hay que tener en cuenta los usos sociales de otros países.

- **India**

En la India existe un sistema de castas muy estricto, por lo que debemos saber a cuál de ellas pertenecen las personas con las que se hacen negocios. La forma de saludo consiste en unir las palmas de las manos a la vez que se dice *namasté*, si bien dar la mano también es totalmente correcto. Se debe prestar atención a las costumbres locales respecto a las comidas —la mayoría de los hindúes son vegetarianos— y es incorrecto tratar temas como asuntos personales o la pobreza del país.

- **Brasil**

La forma de saludo más habitual es el apretón de manos. Las tarjetas de visita deberían ir escritas por un lado en español y por el otro en portugués, y el modo correcto de entregarlas es a continuación de las presentaciones. No se debe comenzar una reunión hablando directamente del tema que se va a tratar, puesto que prefieren romper el hielo hablando en primer lugar de temas baladíes. Aunque nos pregunten por nuestra vida privada, ellos son muy celosos de la suya y no les agradan preguntas al respecto. Tras la negociación o reunión se mantiene una especie de *sobremesa* y, aunque se esté demorando la reunión, no se deben dar muestras de ello, pues podrían malinterpretarlo.

EUROPA

- ## Gran Bretaña

  Los ingleses dominan las buenas maneras. Son muy reservados y formales en las presentaciones manteniendo el mínimo contacto físico, por lo que no es habitual saludarse estrechando la mano. Al dirigirnos a ellos siempre utilizaremos el *Mr.* y *Mrs.* y nunca por sus nombres de pila, al menos hasta que no se profundice en las relaciones y sean ellos quienes así lo indiquen. Es muy importante el orden de las presentaciones. Así pues, en una reunión de negocios, el cliente tendría preferencia, pues le consideran la persona más importante. En Inglaterra también se hacen muchos negocios alrededor de la mesa del té, pero el té de la tarde, no el *high tea* —de hecho, este último es considerado vulgar—. Tras la jornada de trabajo no es cortés seguir hablando de negocios, ni siquiera con un socio.

- ## Francia

  En los negocios, la palabra que define a los franceses es *cautelosos*. La forma de saludo habitual en el mundo de los negocios es el apretón de manos, aunque ante las mujeres hay que esperar a que sean ellas quienes tiendan la mano en primer lugar. También debe estrecharse la mano a modo de despedida, pues de lo contrario les resultaría ofensivo. Nos dirigiremos a ellos con el tratamiento *monsieur* o *madame* y los trataremos siempre de usted —consideran el tuteo una auténtica grosería—. Les gusta el contacto visual intenso, por lo que no debemos sentirnos intimidados. Las presentaciones las hará algún conocido de la persona con la que va a hacer negocios. Es frecuente hacer negocios durante las comidas, que en estos casos suelen durar entre hora y media y dos horas. El ritmo de las negociaciones suele ser lento, y el tono, muy formal y reservado, y si bien aprecian el debate para llegar a un acuerdo final, les gustan las personas que aportan soluciones de beneficio mutuo. Es importante saber que les gusta negociar en su propio idioma.

- ## Italia

  La forma de saludo habitual en el mundo empresarial es un apretón de manos. Su carácter apasionado les hace expresarse de una manera muy expresiva y hablan con un tono elevado de voz que no debe confundirse con muestras de enfado. Nos dirigiremos a ellos anteponiendo el título profesional a su nombre. Para los italianos es importante la manera de vestir pues la consideran como una proyección del «yo», por lo que deberá ser elegante y de calidad.

- **Alemania**

  Son muy serios y reservados y también aplican este rasgo de su carácter en las negociaciones. Por ello, al igual que los estadounidenses, van directos al grano. No debemos dirigirnos a ellos por su nombre de pila, sino anteponiendo los tratamientos *Herr* o *Frau* al título profesional –por ejemplo: *Herr Doktor*–. Las presentaciones se hacen introduciendo en primer lugar a la persona de más jerarquía, es decir, se presenta la persona menos importante a la más importante. Cierran las citas con mucha antelación y no les gustan las improvisaciones. No se les debe presionar para alcanzar un acuerdo, ya que son metódicos y no quieren dejar ningún cabo sin atar ni asumir ningún riesgo. Por ello, la preparación y presentación de la reunión ha de ser exhaustiva, debiendo tener preparados todos y cada uno de los detalles.

- **Rusia**

  A los rusos no les agrada demasiado el contacto físico con desconocidos, por lo que la forma correcta de saludar es mediante un apretón de manos. En los negocios valoran mucho la seguridad y credibilidad de su interlocutor y las decisiones las toma el más alto directivo debido a la fuerte jerarquización de su cultura empresarial. Las negociaciones suelen ser bastante largas, pues quieren asegurarse bien de que se cumplen todos los requisitos. Al finalizar una negociación suelen brindar con vodka, siendo incorrecto por nuestra parte rechazarlo, pues podrían ofenderse.

Supuesto práctico:

Tu jefa viaja a Tokio dentro de un mes y es la primera vez que va al país. Desconoce cómo debe comportarse con corrección y te pide que recabes toda la información necesaria. ¿Qué recursos utilizarías para la búsqueda? ¿En qué aspectos la asesorías especialmente?

5.7. Diplomacia en la Unión Europea

La política exterior y de seguridad común de la Unión Europea se basa en la diplomacia para solucionar los conflictos y procurar el entendimiento a escala internacional. Su papel consiste en mantener la paz y reforzar la seguridad internacional, fomentar la cooperación internacional y desarrollar y consolidar la democracia y el Estado de Derecho, así como el respeto de los derechos humanos y de las libertades fundamentales.

Tal y como figura en la página web de la Unión Europea acerca de política exterior y de seguridad, la UE es un actor clave en asuntos internacionales de índoles tan diferentes como el conflicto de Oriente Medio o el calentamiento global del planeta, entre otros. Dicha política exterior y de seguridad se consolidó mediante el Tratado de Lisboa de 2009, tras la creación, por una parte, del puesto de Alto Representante de la Unión para Asuntos Exteriores y Política de Seguridad, y por otra, de un servicio diplomático europeo, el Servicio Europeo de Acción Exterior, SEAE.

Toma de decisiones en la política exterior de la Unión Europea

El máximo órgano decisorio de la Unión Europea es el Consejo Europeo, que reúne cuatro veces al año a los jefes/as de Estado o de Gobierno de los países miembros de la UE. Dichas decisiones se toman por unanimidad, por lo que es necesario el consenso de todos ellos.

> *El SEAE –Servicio Europeo de Acción Exterior–, funciona como el servicio diplomático de la UE y cuenta con una red de más de 140 delegaciones y oficinas en todo el mundo que son las responsables tanto de promover y proteger los intereses de Europa como de apoyar al Alto Representante en el desempeño de sus competencias.*

5.8. Decálogo del protocolo empresarial internacional

Antes de viajar al extranjero y entrar en contacto con diferentes culturas, el/la ejecutivo/a debe conocer sus usos y costumbres, sus rasgos culturales más destacados, su historia, idiosincrasia, religión o las frases de cortesía más habituales. Estos aspectos le ayudarán a relacionarse y comunicarse de una manera más fluida y agradable, al tiempo que permitirán proyectar una imagen inmejorable hacia los clientes y personas con las que vaya a relacionarse. Existen diferentes maneras de obtener información de los países a los que se viaja relativa a aspectos como la etiqueta empresarial, usos sociales –saludos, presentaciones, vestimenta más adecuada, gestos permitidos o prohibidos–, requisitos de entrada y salida del país, etcétera. Dicha información puede obtenerse en las embajadas o consulados pertinentes, en la sede u oficinas de la empresa del país al que se viaje, en organismos públicos y/o privados y a través de Internet.

Si bien en cada país existen una serie de reglas que se deben observar y llevar a cabo, la regla irrenunciable es el **respeto** hacia el país que vamos a visitar y hacia sus gentes, por lo que jamás debemos dar muestras de superioridad respecto a ninguna de sus costumbres. El siguiente decálogo del protocolo empresarial internacional ha sido elaborado a partir del redactado por el embajador José Antonio de Urbina, si bien se ha adaptado a los nuevos tiempos y a las nuevas realidades sociales, aplicando el sentido común.

1. No debemos olvidar que cuando viajamos a otros países, nos convertimos en *embajadores* de nuestra empresa y, en cierta manera, de nuestro país. Para ello, es necesario poner siempre en práctica los principios básicos de la etiqueta de los negocios: ser puntuales, discretos y corteses, saber vestir, saber expresarse con corrección tanto en el ámbito escrito como oral y saber dar los tratamientos adecuados a las personas con las que nos relacionamos.

2. La creciente **globalización** y la irrupción de las **nuevas tecnologías** hacen necesario que conozcamos las costumbres de otros países y culturas, así como sus normas de protocolo social, a la par que debemos conocer la *netiquette,* o el conjunto de reglas que hay que observar y cumplir cuando nos relacionamos a través de la red y que nos permite contactar en todo momento con personas de cualquier parte del mundo.

3. **Información previa.** Antes de emprender un viaje a un país extranjero es necesario recabar toda la información relativa a sus rasgos más destacados, tales como: usos sociales, tradiciones, historia, religión o religiones dominantes, política, etcétera. Esto nos permitirá, entre otras cosas, no equivocarnos al sacar a colación temas *delicados* en otros países. Por eso, la **prudencia** es una de las características de las que debe hacer gala un/a ejecutivo/a cuando viaja. Una de las mejores fuentes para este tipo de consulta se encuentra en *El Estado del Mundo*, un anuario que recopila los estudios, índices y datos más relevantes de todos y cada uno de los países del planeta, agrupándolos por entidades regionales.

4. **Usos sociales.** Tal y como hemos visto, es necesario conocer los usos sociales del país que visitamos relativos a los saludos y las presentaciones y, en este sentido, es muy importante aprender las frases de cortesía más habituales, aunque no se domine su pronunciación. Asimismo, hay que cuidar el lenguaje corporal y gestual. Conocer los usos sociales más habituales también nos ayudará a conocer la vestimenta habitual y adecuada, con el fin de no equivocarnos nunca en la elección de vestuario.

5. Tal y como afirmaba Oscar Wilde, **«la primera impresión nunca vuelve»**, por lo que especialmente en el mundo de los negocios hay que cuidarla con esmero. Ahora bien, las primeras impresiones ya surgen en los momentos previos al viaje y debemos dominar las pautas de correspondencia escrita, así como las pautas de cortesía en el contacto telefónico.

6. Saber mantener una **eficaz comunicación** con los interlocutores extranjeros. Esto conlleva establecer relaciones sólidas basadas en la amistad y la confianza y, para ello, el/la ejecutivo/a antes de viajar debe preparar de manera exhaustiva todo lo relativo a la realidad social del país que visita. En ese sentido, le resultará de utilidad la consulta de catálogos y diferentes informes publicados por organizaciones y/o consultoras internacionales.

7. Cuando viajamos a otro país, debemos tener en cuenta la importancia que conceden a aspectos como el **estatus y las categorías sociales, políticas y/o económicas,** especialmente en aquellas sociedades que se rigen por unas rígidas exigencias, como es el caso de Japón. Así pues, en estos países no solo basta con conocer sus tradiciones, sino que, por encima de todo, se debe mostrar una gran exquisitez en los modales.

8. Uno de los aspectos que definen a un/a buen/a ejecutivo/a es **el dominio de** las **técnicas** de **negociación,** ya que una buena negociación permitirá alcanzar los objetivos previstos en el negocio y la satisfacción de las partes implicadas. Ahora bien, no se trata solo de saber negociar en su propio país, sino también cuando se desplaza al extranjero, por lo que hay que insistir en la importancia de conocer bien los modos y las costumbres de negociar en el país o región de sus interlocutores.

9. En la **negociación internacional** es fundamental asumir y conocer el marco de referencia donde vaya a desarrollarse, pues también estas técnicas cambian de unos países a otros. Por ello, el ejecutivo/a debe ser persuasivo/a, sin imponer sus propios criterios o ideas. Asimismo, la negociación internacional es un momento crucial en el que el ejecutivo debe controlar los puntos anteriormente expuestos referentes a las diferencias culturales y los usos sociales. Aspectos relativos a los saludos y presentaciones, saber dar el tratamiento adecuado, conocer las jerarquías sociales y empresariales, la buena presencia, la vestimenta adecuada, cuidar la comunicación no verbal, etcétera.

10. **Agasajos en los negocios.** En sus relaciones en el extranjero un/a buen/a ejecutivo/a debe dominar las artes de los agasajos en los negocios, es decir: saber invitar, regalar, etcétera y también saber comportarse de manera recíproca, por lo que, una vez más, debe conocer los usos y costumbres de sus anfitriones y/o invitados relativas también a la vestimenta adecuada, a las diferencias gastronómicas, el comportamiento en la mesa, etcétera. Si se trata de organizar eventos o acudir a alguno como invitados, es recomendable dirigirse a la embajada o consulado del lugar, ya que, aparte de ayudarnos con temas de índole administrativa o jurídica, también nos ayudarán en temas protocolarios, sobre todo si al evento están invitadas diferentes personalidades o altos cargos. Este consejo es aún más importante si se trata

de una recepción oficial a la que vayan a acudir embajadores de diferentes países, pues un fallo sería difícil de subsanar y echaría a perder nuestra imagen en el ámbito internacional.

Conocer los usos sociales de otras culturas es un requisito fundamental para alcanzar el éxito en las relaciones de negocios.

Por último, antes de terminar este capítulo hay que hacer mención especial de varios aspectos, con el fin de evitar los *faux pas* en la etiqueta de los negocios: la vestimenta, los regalos y las propinas.

- **Vestimenta en los negocios**

Ya conocemos la importancia del dominio de todos los aspectos relativos al saber estar, entre los cuales figuran, entre otros: saber elegir la vestimenta adecuada según el país al que viajemos, el tipo de evento al que acudamos —reunión, cóctel, almuerzo de negocios, etcétera—. Para ello, de manera muy resumida, tendremos en cuenta las siguientes pautas:

— Los hombres llevarán varios trajes: uno de mañana, uno de tarde y otro de noche, siendo los colores más adecuados —en términos generales—, gris claro o marrón para la mañana —con zapatos marrones—, gris más oscuro para la tarde —con zapatos negros— y traje azul marino o gris marengo para la noche —también con zapatos negros lisos—.

— Las mujeres preverán la ropa y complementos necesarios también en función de los eventos sociales y/o profesionales a los que tengan previsto acudir, por lo que incluirán, como mínimo, un traje de mañana y otro de tarde, así como un vestido cóctel para una recepción o una cena de negocios.

- **Los regalos**

En lo relativo a los **regalos**, se deben tener en cuenta los siguientes aspectos: que sean de buen gusto y poco costosos, y tener en consideración los gustos del obsequiado, así como los rasgos culturales del país del interlocutor, con el fin de no entregar un regalo que pudiese ofenderles. Si no nos desplazamos en coche, los regalos no serán voluminosos ni frágiles, pero, si no fuera posible, los haremos llegar a destino a través de una agencia de mensajería especializada. Por último, se creará un archivo con el fin de no duplicar los regalos entregados, y siempre se debe enviar una nota de agradecimiento tras haber recibido uno.

- **Las propinas**

La propina es un fenómeno cultural que en Europa es sinónimo de satisfacción por el buen servicio prestado. Sin embargo, debido al desconocimiento de los usos locales, uno de los *faux pax* de la etiqueta en los que se suele caer en el extranjero es el relativo a este tema. Con el fin de evitar actuar de manera incorrecta, a continuación figura un resumen de los usos en cuanto a las propinas más habituales en diferentes países del mundo.

— En EE. UU. las propinas están reguladas por ley federal y se deja entre un 15 y un 20 % —este concepto figura al pie de la cuenta como *gratuity*—.

— En Japón dejar propina pondría en evidencia nuestro desconocimiento de las costumbres locales, pues es considerado de pésima educación.

— En México los salarios son muy bajos, por lo que las propinas forman una parte muy importante de los ingresos de los trabajadores. Se deja entre un 15-20 %.

— En Europa no es obligatorio dejar propina en los restaurantes, aunque lo habitual es dejar, a modo de cortesía, una propina por el buen servicio recibido que oscila entre un 10 y un 15 %. No obstante, en Viena, Budapest y Praga se debe dejar propina por el servicio de guardarropía en teatros y hoteles. En Grecia, aunque ya esté incluido un 15 %, a esta se añadirá un 5 o un 10 % más cuando el servicio haya sido muy bueno.

— En los países de Sudamérica se suele dejar aproximadamente un 10 %.

— En Cuba y China no se puede dejar propina... ¡pero es bien recibida!

> *Los ejecutivos/as con más posibilidades de triunfar son aquellos/as que están muy capacitados/as profesionalmente, que se conocen bien a sí mismos/as y la realidad social de sus interlocutores, y que desarrollan sus habilidades sociales sabiendo expresarse y comunicarse en cualquier escenario y ante cualquier persona.*

AUTOEVALUACIÓN

5.1. ¿Cuál es el formato de invitación más adecuado para invitar a autoridades?

5.2. ¿Qué significa la abreviatura P. M.?

5.3. ¿Con qué nombre se conoce el esmoquin en Gran Bretaña y Estados Unidos, respectivamente?

5.4. ¿Cuál es el puesto de honor cuando tres personas van caminando por un pasillo?

5.5. ¿Qué gesto del lenguaje corporal es considerado como una descortesía en la cultura musulmana?

5.6. ¿Cuál es la manera adecuada de saludar en Japón?

5.7. ¿Qué idiomas deberían figurar en las tarjetas de visita en Brasil?

5.8. ¿Cómo se llama el servicio diplomático de la Unión Europea?

5.9. ¿En qué consiste el papel de la política exterior y de seguridad común de la Unión Europea?

5.10. ¿Qué aspectos ayudan al/a la ejecutivo/a a relacionarse y comunicarse de una manera más fluida y agradable cuando viaja a otros países?

Indica si las siguientes afirmaciones son verdaderas o falsas

5.11. A las personas que acuden del extranjero debemos prestarles más atenciones que a las que acuden de la propia ciudad.

5.12. La primera impresión no es importante. Ya habrá más ocasiones.

5.13. La vestimenta en Australia es más informal que en otros países.

5.14. Las embajadas y consulados del país que vamos a visitar nos pueden asesorar en cuanto a protocolo.

5.15. En Estados Unidos las negociaciones son muy lentas.

5.16. La abreviatura S. R. C. es el equivalente del francés *R. S. V. P.*

5.17. Cuando acude un invitado de otra ciudad o país y su estancia dura varios días, lo recomendable es poner a su disposición un vehículo con chófer.

5.18. Es correcto mostrar superioridad frente a otras culturas.

5.19. Las técnicas de negociación son idénticas en todos los países.

5.20. Al hacer un regalo debemos tener en cuenta los gustos personales del obsequiado.

Epílogo

A modo de epílogo, a continuación figura un resumen de los aspectos más importantes relativos a la organización de viajes nacionales e internacionales.

- Una buena planificación es fundamental para conseguir el éxito de un viaje, por lo que debe planificarse con la suficiente antelación y prestando atención a todos los detalles.

- Es una responsabilidad del asistente de dirección preparar y elaborar toda la documentación necesaria para el viaje.

- Se debe recabar toda la información relativa a la documentación necesaria según el país al que se viaje. En este sentido las embajadas y/o consulados ofrecen una importante ayuda tanto en el ámbito administrativo como de asesoramiento protocolario.

- Se deben conocer los derechos de los viajeros y las obligaciones de las agencias de viajes y/o de las compañías de transporte. Esto nos permitirá saber reclamar en tiempo y forma en caso de algún incidente.

- Los itinerarios del viaje se elaboran en función de las reuniones programadas.

- Respecto a la sanidad, hay destinos en los que hay que vacunarse para poder viajar; en el Ministerio de Sanidad y en el de Asuntos Exteriores, Unión Europea y Cooperación de España, respectivamente, encontraremos toda la información necesaria.

- Al viajar al extranjero, especialmente a países considerados de riesgo, la seguridad es un aspecto fundamental en el que hay que poner mucha atención.

- El equipaje dependerá de la duración del viaje y de los actos sociales que estén previstos, aparte de los propios del trabajo.

Glosario

A

- **Anfitrión/a:** persona o entidad que planifica un acto y se encarga de todos los detalles organizativos —selección de invitados, lugar de celebración, etcétera—. Además, es quien ostenta la presidencia del acto.

B

- **Brindis:** momento de una celebración en el que se levantan las copas para compartir buenos deseos.

C

- **Ceremonial:** conjunto de formalidades con los que se revisten los actos sociales dotándolos de dignidad y solemnidad.

- ***Checklist* o lista de comprobación:** documento que contiene todos los detalles organizativos, con el fin de no olvidarse de ninguno.

- **Consulado:** órgano y sede de la representación permanente que mantiene un Estado en otro, con el fin primordial de proteger y auxiliar a sus nacionales y fomentar las relaciones comerciales.

- **Cortesía:** acto mediante el que se manifiesta amabilidad y buena educación.

E

- **Embajada:** misión diplomática de la máxima categoría, al frente de la cual se halla un embajador.

- **Espacio *Schengen*:** grupo de veintisiete países que abolieron los controles inmigratorios en sus fronteras comunes, funcionando en términos de fronteras exteriores como un solo país.

- **Etiqueta:** conjunto de reglas y formalidades que se deben observar y cumplir en determinados actos. También se refiere a las pautas de vestimenta requeridas por los anfitriones.

F

- ***Faux pax:*** en el argot de la etiqueta, equivale a una metedura de pata debida al desconocimiento de las normas.

H

- **Habilidades sociales:** comportamientos o tipos de pensamiento que ayudan a resolver una situación social de manera efectiva y positiva.

- **Hoja de reclamaciones:** modelo normalizado por una Administración pública que los empresarios deben tener a disposición de los consumidores, para que estos manifiesten sus quejas y pretensiones relacionadas con una prestación que consideran insatisfactoriamente atendida.

I

- **Invitación:** documento mediante el que se invita a un evento determinado.

- **Invitado/a de honor:** persona invitada a un evento que ostenta una gran relevancia social, política, empresarial, etcétera.

L

- **Ley de la derecha:** puesto de honor que se sitúa a la derecha del anfitrión o de la persona que presida un acto.

N

- **Nota de agradecimiento:** breve escrito en el que un anfitrión o un invitado agradece la asistencia o la invitación a un acto.

O

- *Overbooking:* sobreventa de plazas, especialmente de hotel y de avión.

P

- **Precedencia:** orden de colocación de personas y símbolos en un acto.

- **Presentaciones:** acto mediante el cual una persona se da a conocer a otra.

- **Presidencia:** persona o personas que ocupan el puesto de honor dentro de un acto.

- **Presupuesto:** conjunto de los gastos previstos para la celebración de un evento.

- **Protocolo:** conjunto de normas, leyes, usos, costumbres y tradiciones mediante las que se establecen las reglas que deben aplicarse en diferentes ámbitos.

- **Protocolo social:** conjunto de hábitos, comportamientos y normas no escritas cuyo cumplimiento contribuye a una buena convivencia.

S

- **Saludo:** acto mediante el que una persona se dirige a otra cuando se encuentran o se despiden, demostrando cortesía y buena educación. Junto a las presentaciones, son los usos sociales más extendidos en todo el mundo.

T

- **Tratamiento:** título de cortesía que se le concede a una persona.

- **Teletrabajo:** trabajo que se realiza desde un lugar fuera de la empresa utilizando las redes de telecomunicación, con el fin de cumplir con las cargas laborales asignadas.

- **Traducción jurada:** traducción de carácter oficial con validez legal, ya que son realizadas por traductores que han sido acreditados por el Ministerio de Asuntos Exteriores, Unión Europea y Cooperación de España.

U

- **Usos sociales:** conjunto de pautas y reglas de comportamiento que caracterizan a una sociedad o cultura determinada.

Ejercicios de evaluación final

1. ¿Cuáles son los derechos de los pasajeros en caso de modificaciones y/o anulaciones por cancelación de vuelo?

2. ¿Qué es el PIR y para qué sirve?

3. ¿Qué se pretende con la *Ley General para la Defensa de los Consumidores y Usuarios* y otras leyes complementarias?

4. ¿Cuáles son las obligaciones de las agencias de viajes cuando realizan un contrato de viajes combinados?

5. ¿Qué documentos pueden utilizar los ciudadanos de países miembros de la Unión Europea para poder entrar o salir de estos territorios?

6. ¿Cuál es la condición para llevar como equipaje de mano los líquidos adquiridos en cualquiera de las tiendas libres de impuestos del aeropuerto o en el avión durante el vuelo?

7. ¿Qué es un manual de gestión de viajes?

8. ¿Qué datos debería contener una lista de comprobación de viajes?

9. ¿Qué tipos de visados de entrada existen y en qué consisten?

10. Enumera los tipos de pasaporte que existen.

11. En España, ¿quién se encarga de las declaraciones aduaneras?

12. En una empresa, ¿dónde queda definido quiénes son las personas que tienen derecho a una u otra categoría de billetes?

13. ¿Qué tipos de billetes de transporte marítimo existen?

14. ¿Cómo se puede obtener una tarjeta de embarque de avión?

15. ¿Qué significa el acrónimo CEHAT?

16. ¿Qué tipo de traducción es la más indicada en reuniones o negociaciones en las que participan varias personas?

17. Enumera tres ventajas del teletrabajo.

18. ¿Qué incluye un informe económico?

19. ¿Por qué es necesario hacer un seguimiento de acuerdos tras volver de un viaje de negocios?

20. ¿Para qué sirve establecer un listado de indicadores cualitativos y cuantitativos durante la fase previa de preparación de un viaje?

21. ¿Cuál es el elemento clave para el éxito de un evento?

22. ¿Por qué es importante utilizar la fórmula S. R. C. en una invitación?

23. ¿Con qué fin se tacha el *R. S. V. P.* y se escribe *Regrets Only* en diferentes países de habla inglesa?

24. ¿Qué gesto es considerado una auténtica grosería en Japón?

25. ¿En qué país del mundo el estilo de negociación está basado en valores de su cultura, tales como el individualismo o la independencia?

26. ¿En qué país se considera descortés hablar de trabajo después de la jornada laboral?

27. ¿En qué país se considera una auténtica grosería el tuteo?

28. ¿Qué significan las siglas SEAE?

29. ¿Por qué los ejecutivos/as deben dominar las técnicas de negociación?

30. Menciona tres países europeos en los que se debe dejar propina por el servicio de guardarropía en teatros y hoteles.

Indica si las siguientes afirmaciones son verdaderas o falsas

31. En un contrato de servicios sueltos la persona que va a viajar solicita una oferta que la agencia de viajes ha lanzado previamente y la contrata.

32. En las reservas de vuelos, las compañías aéreas o las agencias de viaje autorizadas expiden un billete del vuelo nominativo e intransferible, que establece la reserva a favor de la persona titular en un determinado vuelo.

33. Existen muy pocas alternativas en el mercado a la hora de contratar seguros de viaje, médicos y de automóviles.

34. Los pasajeros de compañías ferroviarias no cuentan con ningún derecho en caso de modificaciones y/o anulaciones por parte de estas.

35. El artículo 9 de la Ley 21/1995, de 6 de julio, que regulaba la renuncia de la persona turista al viaje combinado, fue derogado por el RD Legislativo 1/2007, de 16 de noviembre.

36. Según la legislación de la Unión Europea, no hay obligación de demostrar que los productos sean para uso personal si están por debajo de 200 puros.

37. No está permitido llevar en la cabina del avión objetos cortantes o punzantes que puedan utilizarse como armas —pequeñas tijeras, sacacorchos, etcétera—.

38. Una oficina de información turística es una organización, por lo general, privada y con ánimo de lucro, cuya finalidad es la de orientar a los turistas entregándoles información para facilitarles la visita y/o estancia en el lugar.

39. A la hora de organizar un viaje, si fuese necesario un anticipo, se especificará la cuantía solicitada que también debe contar con la pertinente aprobación.

40. Al final de un manual de gestión de viajes se incluyen, a modo de anexo, los documentos que deben ser cubiertos por los distintos departamentos y/o por las personas que realizan el viaje, siguiendo las instrucciones marcadas por la empresa.

41. A la hora de elaborar un presupuesto, no es importante en absoluto ajustarse lo máximo posible a los gastos finales en los que se va a incurrir.

42. En gestión de proyectos se utiliza la técnica CPM (o método de la ruta crítica) para el correcto diseño de los objetivos.

43. El espacio Schengen está compuesto por 25 Estados miembros de la Unión Europea más Noruega, Islandia, Suiza y Liechtenstein.

44. La visa de turista se solicita para la realización de viajes a otro país en calidad de estudiante.

45. El abono de los derechos de importación o de exportación también se conocen como aranceles de aduanas.

46. El uso horario también es llamado franja horaria.

47. Una de las ventajas de hacer el *check-in online* es que permite un gran ahorro del tiempo para el viajero/a.

48. Algunas compañías de transporte marítimo requieren el canje del billete por la pertinente tarjeta de embarque.

49. En los hoteles de tres estrellas, la habitación doble es de 12 m^2 como máximo.

50. El monedero digital o *wallet* es una plataforma electrónica que permite almacenar diferentes informaciones de pago, a través de los números de una tarjeta de crédito o débito.

51. La definición de los objetivos no es una acción imprescindible para preparar una reunión.

52. En las reuniones que se celebran fuera de nuestra sede, es conveniente preparar un plano de situación que contenga los datos concretos del lugar de reunión con detalles sobre el modo de llegar y aparcamiento más cercano.

53. La seguridad es un tema crucial cuando viajamos al extranjero, especialmente en aquellos destinos que son considerados de riesgo.

54. Inscribirse en el *Registro de viajeros* cuando viajamos al extranjero es una recomendación del Ministerio de Asuntos Exteriores, Unión Europea y Cooperación de España.

55. Es muy recomendable conducir en el extranjero con menos de medio depósito de gasolina.

56. Una invitación es un escrito que se utiliza únicamente para eventos familiares.

57. Aunque existen diferentes formatos de invitaciones, las más utilizadas son: el saluda, la invitación por carta y el tarjetón de invitación.

58. Cuando se celebre un almuerzo o cena en honor de una personalidad, se hará constar en la invitación plasmando el nombre del invitado de honor, mediante las fórmulas: *Para presentar a..., En honor de...*

59. Es totalmente correcto que una visita acceda directamente al despacho del/de la jefe/a sin tener orden expresa suya.

60. Aunque tengamos duda acerca de la etiqueta requerida por el anfitrión/a, es incorrecto llamarlos para preguntárselo.

61. Una buena planificación contribuirá a que la visita sea un éxito y el invitado/a se lleve una impresión inmejorable de nuestra empresa.

62. En España es muy habitual invitar a almorzar o cenar en el propio domicilio.

63. En el mundo musulmán la familia es el pilar de la sociedad.

64. La forma correcta de saludar a una mujer en el mundo musulmán consiste en darle dos besos.

65. En México el ritmo de las negociaciones es rapidísimo.

66. En Chile las tarjetas de visita, una vez recibidas, han de ser leídas con detenimiento y se guardan en un tarjetero o en una carpeta, pero nunca en el bolsillo.

67. En Canadá hay un solo idioma oficial: el inglés.

68. El máximo órgano decisorio de la Unión Europea es el Consejo Europeo.

69. Cuando viajamos a otros países es muy importante aprender las frases de cortesía más habituales, aunque no dominemos su pronunciación.

70. Los ejecutivos/as con más posibilidades de triunfar son aquellos/as que están muy capacitados/as profesionalmente, que se conocen bien a sí mismos/as y la realidad social de sus interlocutores, y que desarrollan sus habilidades sociales sabiendo expresarse y comunicarse en cualquier escenario y ante cualquier persona.

Bibliografía

- Cabero Soto, C., *Organización de reuniones y eventos*, Madrid, Ed. Paraninfo, 2012.

  — *Protocolo en hostelería y restauración,* Madrid, Ed. Paraninfo, 2013.

- Londoño, M. C., *Habilidades de gestión para la secretaria eficaz,* Madrid, FC Editorial, 2002.

- Urbina, J. A. de, *El protocolo en los negocios,* Madrid, Ed. Temas de Hoy, 2000.

- Yager, J., *Business protocol,* New York, John Wiley & Sons, Inc., 1981.

Webgrafía

- https://administracion.gob.es/
- www.dsca.gob.es/
- www.bde.es
- www.boe.es
- www.cehat.com
- www.cincodias.com
- www.clientebancario.bde.es
- www.dpej.rae.es
- www.eleconomista.es
- www.europa.eu
- www.europarl.europa.eu/
- www.expansion.com
- www.exteriores.gob.es
- www.gebta.es
- www.iberia.es
- www.interior.gob.es
- www.ofesauto.es/
- www.racc.es/
- www.seguridadaerea.gob.es/
- www.renfe.com
- www.sede.dgt.gob.es/es
- www.seg-social.es
- www.tesoro.es
- www.transportes.gob.es/
- www.xe.com